2909ろ

TRAITÉ ET MANUEL

SYNTHÉTIQUES ET PRATIQUES

DES CODES

PÉNAL ET D'INSTRUCTION CRIMINELLE.

PARIS. — IMPRIMERIE DONDEY-DUPRÉ,
rue Saint-Louis, 46, au Marais.

TRAITÉ ET MANUEL

SYNTHÉTIQUES ET PRATIQUES

DES CODES

PÉNAL ET D'INSTRUCTION CRIMINELLE

PAR M. BENOID,

JUGE D'INSTRUCTION A GANNAT (ALLIER).

PARIS.

VIDECOQ PÈRE ET FILS, ÉDITEURS,

1, PLACE DU PANTHÉON.

A. LECLÈRE, RUE DES GRÈS, 5.

—

1845

...LITÉ ET MANUEL

...EN PRATIQUES

L'INSTRUCTION CRIMINELLE

PAR M. ...,

PARIS.

COSSE ET ..., ÉDITEURS,

...

1845

AVANT-PROPOS.

———

La synthèse conduit des principes connus aux conséquences logiques et vraies qui en découlent. Il naît de cette opération de l'esprit des enseignements, prompts, clairs et méthodiques; de là, le temps d'étude est abrégé, et cette économie est toujours profitable à l'intérêt public.

Ce résultat a surtout du prix lorsqu'il s'applique au droit criminel, car l'on sait que la législation criminelle touche à l'ordre le plus élevé des intérêts sociaux; l'honneur, la liberté des citoyens sont sous la sauvegarde des préceptes du droit criminel sagement compris, et l'assurance du repos public est l'heureuse conséquence de la saine et prompte application des règles premières de l'instruction qui, généralement, de la part des officiers de police judiciaire se fondent, dans la pratique, sur des usages déjà suivis, plutôt que sur une étude approfondie des préceptes établis par le Code d'instruction criminelle.

Les dispositions législatives criminelles des époques antérieures à notre droit actuel ont fixé notre attention avec le plus grand intérêt. Nous avons ouvert la marche de nos idées, en nous pénétrant de l'excellente judiciaire des bons esprits des auteurs criminaliste anciens, mais sans remonter au delà des commentateurs de l'ordonnance de 1670, qui est le dernier monument législatif criminel et le plus parfait de l'ancienne législation. Ainsi, nous avons donné le droit criminel ancien et le droit criminel intermédiaire pour point d'appui aux doctrines et aux règles qui régissent nos codes et dont la réforme a été souvent réclamée.

Le besoin souvent exprimé d'une révision législative altère la confiance dans les principes de cette législation, et c'est également chose salutaire que de réhabiliter en peu de mots les principes généraux de cette même législation.

Nous donnons à la suite une deuxième édition d'un petit ouvrage qui fut favorablement accueilli en 1844. Nous n'avons rien changé à son texte, et nous nous sommes borné à le mettre en harmonie avec ce qui précède, en y faisant quelques légers changements qui nous ont permis de remplir quelques lacunes de la première édition. Bien que ces instructions n'aient été adressées, en 1844, qu'à une seule classe d'officiers judiciaires, nous les croyons cependant d'une contexture à être utilement consultée par des officiers judiciaires d'un ordre supérieur aux maires et adjoints.

Il nous a paru que les règles qui y sont enseignées, étant d'une application pratique immédiate, avaient un à-propos favorable à l'intelligence de la matière qui les précède. Les instructions simples et précises sur cette matière ne sont d'ailleurs jamais trop largement répandues, et cette annexe est le complément de notre dernier travail et son corollaire pratique.

La clarté d'un traité dépend souvent de la division de son sujet. Cette raison nous a conduit à classer notre publication en trois parties distinctes l'une de l'autre, que nous avons également divisées en trois livres, contenant plusieurs chapitres, subdivisés eux-mêmes en principaux alinéas.

Nous n'élevons pas à nos yeux le mérite de notre travail, dont la difficulté cependant s'est accrue par cela même qu'il était plus restreint dans ses observations. Son titre modeste dans les deux parties formant les deux premiers livres n'est autre qu'une revue en quelques pages, mais complète quoique rapide et en même temps comparée et raisonnée, des matières principales et importantes attribuées à l'ordre judiciaire criminel, et que nous pratiquons depuis dix-huit ans.

Le troisième livre est un second essai pour devenir utile principalement aux officiers de police judiciaire, qui dans leur action pratique et journalière ont besoin de s'appuyer sur des instructions claires, précises et commentées succinctement.

Nota. C'est en effet sous le titre de *Revue de la législation criminelle pratique*, que *la Presse judiciaire*, journal du ressort de la Cour royale de Riom, a publié dans les numéros des années 1843 et 1844 les deux premières parties de ce travail. Le rejet par la chambre des pairs, dans la session de 1843, d'un projet de loi adopté par la chambre des députés en 1842, et qui réformait plusieurs dispositions du Code d'instruction criminelle, nous suggéra la pensée de cet examen textuel et comparé de nos lois crminelles.

Nous avons de nouveau parcouru la matière, et nous nous sommes déterminé à cette publication, afin de compléter et de formuler, avec plus de suite, ce qui avait fait à différentes dates l'objet de plusieurs articles dans *la Presse judiciaire*.

Nos observations étaient coordonnées et cette note était écrite, lorsque, dans la séance du 15 février 1845, la chambre des députés a pris en considération, sur la proposition de M. Roger (du Loiret), l'ancien projet présenté par le gouvernement pour modifier divers articles du Code d'instruction criminelle.

Quelle que soit la suite que les chambres donnent à cette proposition, les raisons et les arguments de 1842 ne peuvent que se reproduire, et nos observations dès lors restent les mêmes.

§ I.

HISTORIQUE.

De l'organisation judiciaire des temps modernes.

Les établissements de judicature influent nécessairement sur les dispositions législatives des codes, et cette influence est encore plus marquée dans la législation criminelle. Il nous a donc paru convenable de parcourir les monuments historiques de l'organisation successive des tribunaux depuis 1789 jusqu'à la loi organique de 1810. Cette matière précédera utilement notre publication, et nous allons rappeler avec exactitude et brièveté les nombreux changements qui se sont opérés dans l'ordre judiciaire pendant l'intervalle de ces deux époques que nous classerons en quatre périodes.

PREMIÈRE PÉRIODE ORGANIQUE.

= La division territoriale fut l'objet des premiers travaux de l'assemblée constituante. Le 22 décembre 1789, les départements furent décrétés et ils prirent la place des anciennes provinces. (Décrets org. des 26 fév. et 4 mars 1790).

La vitalité, en toute chose, consiste dans l'harmonie du tout. Cette vérité guida le législateur de 89, et, sans relâche, ses efforts tendirent à placer les institutions nouvelles données à la France sur une seule et même base de droit, qui puisait sa force constitutive dans l'unité des pouvoirs et dans l'égalité entre les hommes.

L'administration de la justice, dans l'ordre des institutions sociales, se trouve au premier rang ; aussi les anciens tribunaux, divisés en juridiction ecclésiastique, en justice séculière, ou justice royale et seigneuriale, ordinaire et extraordinaire, comprenant la haute, moyenne et basse justice, n'étaient plus conformes aux principes nouveaux.

= Les juridictions anciennes furent donc supprimées, et l'assemblée constituante décréta les questions suivantes, le 31 mars 1790 :

1° Établira-t-on des jurés ?

2° Les établira-t-on en matière civile et en matière criminelle ?

3° La justice sera-t-elle rendue par des tribunaux sédentaires ou par des juges d'assises ?

4° Y aura-t-il plusieurs degrés de juridiction, ou bien l'usage de l'appel sera-t-il aboli ?

5° Les juges seront-ils établis à vie, ou seront-ils élus pour un temps déterminé?

6° Les juges seront-ils élus par le peuple, ou devront-ils être institués par le roi?

7° Le ministère public sera-t-il établi entièrement par le roi?

8° Y aura-t-il un tribunal de cassation ou de grands juges?

9° Les mêmes juges connaîtront-ils de toutes les matières, ou divisera-t-on les différents pouvoirs de juridiction pour les causes de commerce, de l'administration des impôts et de la police?

Cette forme de procéder était sage et prévoyante; les questions ainsi posées et décrétées appelaient en général l'examen des hommes instruits, et une masse plus grande de lumières devait, par conséquent, éclairer les travaux de l'institution de judicature dont s'occupait l'assemblée nationale.

═Les 16-24 août 1790, le nouvel établissement judiciaire fut décrété; il admit le principe de l'élection des magistrats par le peuple : le magistrat qui obtenait le plus de suffrages présidait le tribunal.

La durée de leurs fonctions fut limitée à six années, et les officiers du ministère public nommés à vie reçurent leur investiture du roi.

Toute concession était faite au pouvoir royal avec gêne et défiance. C'est pourquoi les magistrats essentiellement révocables obtinrent un privilége qui fut refusé aux juges.

═L'autorité municipale, par décret du 24 août 1790, fut érigée en tribunal de police.

Ce tribunal de juridiction pénale se composait de

trois membres que les officiers municipaux choisissaient parmi eux.

= Enfin le décret du 27 novembre 1790 plaça le tribunal de cassation en tête de l'institution judiciaire formulée par l'assemblée constituante, et comme conséquence de l'institution de ce tribunal suprème et régulateur. Une nouvelle disposition législative d'une haute importance et d'ordre public fut insérée dans la loi du 27 novembre 1790.

Cette loi prescrivit aux juges de motiver leurs jugements et de donner la raison de droit appliqué aux faits du procès dans leur application.

La subdivision des départements avait eu lieu par *districts, cantons* et *municipalités*. (Décret du 22 novembre 1789.)

Les arrondissements ne furent créés que par décret du 28 pluviôse an VIII.

Le district fut le siége d'un tribunal civil composé de cinq juges et d'un officier du ministère public, ou commissaire du roi.

= On admit le droit d'appel ; mais ce droit fut restreint, en matière civile, au choix d'un tribunal de district autre que celui qui avait prononcé le jugement.

= Un juge de paix et deux assesseurs siégèrent dans chaque canton, et, par décret du 19 juillet 1791, ces magistrats formèrent le tribunal correctionnel. Le juge de paix était élu pour deux ans.

Ces premiers principes de judicature posés, il restait encore à résoudre des questions nombreuses et importantes.

= Le 16 septembre 1791, l'institution des tribunaux

criminels fut décrétée : un tribunal criminel fut érigé par département.

Ce tribunal se composait d'un président et de trois juges, chacun des trois juges pris tous les mois et par tour dans les tribunaux de district.

Un accusateur public, un commissaire du roi et le greffier complétèrent le personnel du tribunal criminel.

Ce tribunal connaissait par appel des décisions correctionnelles et de police.

La loi du 16 septembre 1791 s'occupa également de la procédure criminelle.

Le juge de paix de chaque canton fut chargé des fonctions de la *police de sûreté*.

La même loi proclama l'institution du jury en matière criminelle.

Le jury fut institué à deux degrés : la loi le qualifia de *juré* d'accusation et de *juré* de jugement.

Le jury d'accusation était placé près de chaque tribunal de district, sous la présidence d'un des juges dénommé *directeur* du jury.

Ce jury prononçait s'il y avait lieu ou non à accusation.

Le jury de jugement siégeait au tribunal criminel et déclarait le fait constant ou non constant.

= La seconde assemblée dite *législative* remplaça l'assemblée constituante au mois d'octobre 1791.

A cette époque, l'esprit public était vivement engagé dans la voie révolutionnaire, et la marche rapide des événements amena bientôt des changements dans l'institution judiciaire criminelle établie par les lois des 10 août 1790 et 16 septembre 1791.

La journée du 10 août 1792 plaça tous les pouvoirs dans les mains de la commune de Paris, qui s'empara de suite de la police.

Les juges de paix furent revoqués dans les pouvoirs d'instruction criminelle que leur avait conférés la loi de 1791, et leurs attributions de police furent données aux autorités municipales.

= L'assemblée législative décréta que la police dite de *sûreté générale* serait attribuée aux départements, districts et municipalités. (Décret du 11 août 1792.)

Telle fut l'origine des comités de surveillance qui s'organisèrent partout. Les hommes révolutionnaires les plus exaltés entrèrent dans ces comités, et les exigences tyranniques d'une démocratie sans frein pesèrent dès ce moment sur la France entière.

= La justice ordinaire était trop lente au gré des passions populaires, et la commune de Paris fit décréter par l'assemblée législative la création d'un tribunal extraordinaire, pour juger les crimes attribués aux hommes qui avaient défendu la royauté dans la journée du 10 août. (Décret du 17 août 1792.)

« Ce tribunal, divisé en deux sections, devait juger en dernier ressort et sans appel ; tel fut le premier essai du tribunal révolutionnaire, et la première accélération donnée par la vengeance aux formes de la justice. Ce tribunal fut appelé tribunal du 17 août. » (M. Thiers, *Révol. franç.*, t. III, p. 30.)

= L'assemblée législative fut remplacée le 20 septembre 1792 par la troisième assemblée, qui prit le nom de *convention nationale*.

Au début de ses travaux, la convention abolit la royauté (22 septembre 1792).

Cette détermination politique fut suivie du renou-
vellement du personnel des corps administratifs et
judiciaires (19-20 oct. 1792).

Les commissaires nationaux remplacèrent près des
tribunaux les commissaires du roi, et presque aussitôt la suppression de ces fonctionnaires près les tribunaux criminels fut décrétée, et leurs attributions
furent données aux *accusateurs publics* (22 octobre
1792).

Ces premières mesures adoptées, la Convention
nationale supprima, par décret du 29 novembre
1792, le tribunal institué pour juger les crimes du
10 août, et renvoya devant les tribunaux ordinaires
les procédures commencées. Mais alors les événements politiques se pressèrent avec rapidité, et pour
la seconde fois la justice criminelle ordinaire du pays
ne put suffire aux exigences de la tourbe populaire,
dirigée par des hommes ambitieux, méchants et
pervers.

= Un tribunal criminel extraordinaire siégeant à
Paris fut décrété le 12 mars 1793, et ce tribunal,
par décret du 8 brumaire an II (29 octobre 1793),
fut appelé tribunal *révolutionnaire*.

Les formes rapides de l'instruction simplement
orale répondirent complétement et hideusement aux
sanglantes exécutions que ce tribunal commandait.
La justice resta voilée dans ces temps gros d'orages
ou régnait l'anarchie. Les formes brutalement révolutionnaires ne peuvent s'allier avec la sainteté de sa
mission de paix et de recueillement.

DEUXIÈME PÉRIODE ORGANIQUE.

= La constitution du 5 fructidor an III (22 août 1795) apporta de nouveaux changements dans l'organisation judiciaire.

La justice civile subit une réforme. Un tribunal de paix, dont le juge avait pouvoir pour deux ans, fut établi par chaque arrondissement communal, et un tribunal civil unique siégea par département.

Ce dernier tribunal était composé de vingt juges, divisés en deux sections, d'un commissaire, et d'un substitut nommé et destituables par le directoire exécutif. Il était procédé, tous les cinq ans, à l'élection de tous les membres du tribunal, et la présidence de chaque section était donnée au scrutin secret, par les juges, à deux de leurs collègues. L'appel des justices de paix était porté au tribunal civil du département, et l'appel des décisions du tribunal du département ressortait du tribunal de l'un des trois départements les plus voisins.

La juridiction correctionnelle fut également changée; il fut créé trois tribunaux correctionnels par département; un président, deux juges de paix, ou deux assesseurs, un commissaire et un greffier formaient ce tribunal. Le président du tribunal correctionnel était pris tous les six mois, et par tour, parmi les membres des sections du tribunal civil du département. L'appel avait lieu au tribunal criminel du département; la simple police fut donnée aux juges de paix.

=Une haute cour de justice pour juger les accusations admises par le corps législatif, prit place dans l'établissement judiciaire de la constitution de l'an III.

Cette haute cour de justice ne devait se former qu'en vertu d'une proclamation du corps législatif. Elle se composait de cinq juges, de deux accusateurs nationaux tirés du *tribunal de cassation*, et de hauts jurés nommés par les assemblées électorales des départements. Enfin, le code du 3 brumaire an IV (25 octobre 1795) détermina le règlement des tribunaux criminels décrétés par l'acte constitutionnel, et rétablit, près les tribunaux criminels des départements, un commissaire du pouvoir exécutif.

Une revue législative renfermée dans un cadre restreint, et d'une précision exacte dans le rapprochement des textes des lois, est un chemin sûr pour arriver à d'utiles enseignements. Ce résultat en est presque toujours la conséquence.

TROISIÈME PÉRIODE ORGANIQUE.

L'instabilité des règles gouvernementales de l'époque laissait une courte durée à l'ensemble des conceptions législatives, et les constitutions nouvelles naissaient des pouvoirs nouveaux, toujours désireux d'innover.

═ La constitution consulaire du 22 frimaire an VIII (13 décembre 1799), formula son institution judiciaire : mais elle introduisit des améliorations notables dans cette partie du service public.

La nomination des magistrats fut attribuée au premier consul, et le principe salutaire de l'inamovibilité des juges reprit le cours de ses bienfaits dans nos institutions sociales.

L'accusateur public près les tribunaux criminels fut supprimé, et ses fonctions furent attribuées au commissaire du gouvernement.

La constitution de l'an VIII établit des tribunaux à deux degrés; le tribunal de première instance et le tribunal d'appel. La loi ne tarda pas, comme nous le verrons bientôt, à organiser ces tribunaux.

Le jury, les justices de paix, les tribunaux criminels, correctionnels et de police, conservèrent la même compétence qu'ils avaient reçue par les constitutions et les lois précédentes.

Enfin, les attributions du tribunal de cassation, qui seul avait échappé aux vicissitudes législatives des pouvoirs qui s'étaient succédé, furent définies de nouveau d'une manière claire et précise.

= Les principes de judicature posés dans la constitution de l'an VIII reçurent leur organisation par la loi du 27 ventôse an VIII (18 mars 1800).

Cette loi prononça la suppression des tribunaux civils et criminels par départements, ainsi que celle des tribunaux correctionnels. Elle fixa le siége des tribunaux de première instance par arrondissement communal, et leur attribua la connaissance des matières civiles, correctionnelles, et l'appel des justices de paix.

Le nombre des juges des tribunaux de première instance était au moins de trois et de deux suppléants. Ce nombre fut augmenté, eu égard à la population du siége. Un commissaire du gouvernement fut attaché à chaque tribunal de première instance, et il fut adjoint à ce magistrat un ou deux substituts.

Les présidents et vice-présidents des tribunaux, toujours rééligibles, étaient choisis par le consul pour trois ans. Les fonctions de directeur du jury étaient remplies pour les juges pour trois ou six mois.

Les tribunaux d'appel furent établis au nombre de vingt-neuf. Ils connaissaient par appel des décisions civiles et commerciales, rendues par les tribunaux de première instance et de commerce.

Il fallait sept juges au moins pour rendre un jugement d'appel, et le nombre des magistrats du parquet était le même que celui des tribunaux de première instance.

L'article premier de la loi du 27 ventôse supprimait le tribunal criminel, et l'article 32 de la même loi réintégrait ce tribunal par département avec une organisation différente de celle qu'il avait reçue par la loi du 16 septembre 1791, et par le Code du 3 brumaire an IV.

Le personnel du tribunal criminel fut organisé comme celui du tribunal d'arrondissement communal.

═ Une amélioration législative concernant l'instruction criminelle fut introduite par la loi du 7 pluviôse an IX.

Les juges de paix, sous l'empire du Code du 3 brumaire an IV, instruisaient les procès criminels, et le directeur du jury d'accusation en appréciait les charges.

Il y avait dans cette manière de procéder une lacune qui devait nécessairement frapper les bons esprits, et il parut étrange à bon droit que l'action de la partie publique n'eût aucune part dans l'instruction préparatoire qui donnait au juge deux caractères peu compatibles et lui attribuait un pouvoir trop étendu.

La loi du 7 pluviôse an IX voulut remédier à ces inconvénients ; elle attribua au substitut du commissaire près le tribunal criminel, la qualité de *magistrat de sûreté*, et le chargea spécialement des poursuites criminelles.

Le remède ne fut pas tout à fait efficace, et le magistrat de sûreté hérita en partie des pouvoirs qu'on avait voulu retirer des mains du juge.

= A côté du tribunal criminel de justice ordinaire, le décret du 18 pluviôse an IX (7 février 1801), plaça un tribunal spécial qui était compétent pour connaître de certains délits déterminés par la loi.

Ce tribunal siégeait dans les départements où le gouvernement le jugeait nécessaire. Il se composait des magistrats du tribunal criminel, de trois militaires ayant au moins le grade de capitaine, et de trois citoyens ayant les qualités requises pour être juges.

Les magistrats choisis dans l'ordre civil et dans l'ordre militaire étaient désignés par le premier consul.

Cet état de choses eut une durée plus longue que les précédentes lois organiques de l'administration de la justice. La main puissante du premier consul donna de la fixité aux institutions, et l'amélioration sociale et législative de la France fut l'œuvre de son génie.

= Bonaparte, nommé consul à vie le 14 thermidor

an x (2 août 1802), présida à l'érection du monument qui devait survivre aux trophées militaires de son règne glorieux. Sa haute pensée législative, heureusement secondée par des hommes de science et de savoir, porta sa vive lumière, avec la même sollicitude, sur tous les points de notre législation civile, et il fit décréter, les 30 ventôse, 10 germinal an xii (21, 31 mars 1804), la réunion des lois civiles en un seul corps de lois sous le titre de *Code civil des Français.*

Ainsi fut résolu ce grand problème d'intérêt social qui, jusque-là, n'avait été qu'imparfaitement conçu ou exécuté par les législateurs de tous les temps.

Le pouvoir du chef de l'état grandissait de jour en jour. L'ascendant moral de son administration civile et les faits d'armes qui l'illustraient déjà devaient nécessairement avoir pour conséquence, à une époque où le besoin d'unité dans le pouvoir se faisait si fortement sentir, de placer dans ses mains les destinées de la France. Les rènes de l'État, maintenues d'un bras ferme, bientôt ne servirent plus à diriger le char du premier consul; ses succès au pouvoir éveillèrent toute son ambition, et d'un pas de géant revenant sur le passé, Bonaparte franchit la série des rois de France, et fit inscrire son nom à côté de la grande figure de Charlemagne.

= Le 28 floréal an xii (18 mai 1804), Napoléon Bonaparte fut proclamé empereur des Français. Le titre d'empereur plaça plus spécialement Bonaparte dans un ordre nouveau d'idées : l'esprit de conquêtes agita vivement ses désirs. Les conceptions législa-

2

tives ne furent désormais que secondaires dans les travaux de l'empereur, et son coup d'œil lumineux manqua souvent pour arriver à une plus grande perfection des Codes qui suivirent la publication des lois civiles.

Le Code de procédure fut décrété en 1806.

Le Code de commerce en 1807.

Le Code d'instruction criminelle en 1808.

Et le Code pénal en 1810.

Tel est le corps principal des lois divisé en cinq Codes, que l'empereur a légué à la France et dont l'expérience a démontré la haute sagesse.

QUATRIÈME PÉRIODE ORGANIQUE.

= Une nouvelle organisation de l'ordre judiciaire et de l'administration de la justice suivit de près la promulgation des cinq Codes, et la loi du 20 avril 1810 constitua l'ordre judiciaire des tribunaux de première instance et d'appel qui nous régissent.

Les tribunaux d'appel prirent le nom de cours impériales; les juges prirent le titre de conseillers, et le ministère public fut exercé par un procureur général impérial, par des avocats généraux et par un procureur impérial criminel. La loi du 25-28 décembre 1815 a supprimé cette dernière magistrature.

Les substituts près les tribunaux de première instance portèrent le titre de procureurs impériaux. Les anciennes dénominations des établissements judiciaires, et les anciens titres donnés aux magistrats, devaient se reproduire comme conséquence du principe monarchique réhabilité sur le trône de France.

=Les cours d'assises furent constituées. Les juges d'instruction et les procureurs impériaux ou leurs substituts remplacèrent les directeurs du jury et les magistrats de sûreté. La loi organique judiciaire de 1810 maintint les cours spéciales ordinaires, les tribunaux des justices de paix et de commerce, créés par la première loi organique des 16-24 août 1790; la cour de cassation, instituée par le décret du 27 novembre 1790, conserva la même organisation. La loi de 1810 créa des cours spéciales extraordinaires qui devaient remplacer les cours d'assises dans les départements, dans lesquels le jury n'aurait pas été établi ou serait suspendu.

C'était faire au pouvoir une large part de puissance judiciaire, et blesser profondément l'institution du jury.

=La charte de 1814 abolit les juridictions spéciales. Ce monument législatif qui forme l'ère véritable d'un gouvernement libre et constitutionnel en France, en maintenant les tribunaux ordinaires existants, et en supprimant les tribunaux extraordinaires, avait cependant créé une exception pour les juridictions prévôtales.

Le gouvernement conservait le droit de leur rétablissement s'il le jugeait nécessaire. C'est en vertu de cette disposition de la charte de 1814, que les juridictions prévôtales furent rétablies par la loi du 27 décembre 1815.

=La charte de 1830 n'a point de réserve; il y a plus de franchise dans son langage constitutionnel : elle défend le rétablissement de commissions et de tribunaux extraordinaires, à quelque titre et sous quelque dénomination que ce puisse être (art. 14).

L'ordre judiciaire a donc aujourd'hui des limites invariables et certaines.

La cour de cassation, vingt-sept cours royales, quatre-vingt-six cours d'assises siégeant chaque trimestre, trois cent soixante tribunaux de première instance, deux mille huit cent cinquante justices de paix et deux cent dix-neuf tribunaux spéciaux au commerce, sont les tribunaux civils, criminels, ordinaires et exceptionnels, de l'organisation judiciaire qui régit actuellement la France.

=Le labeur de l'institution judiciaire a été long et pénible. Les tâtonnements n'ont cessé que lorsqu'il y a eu fixité gouvernementale. Cette vérité d'intérêt social ressort évidemment de la législation dont nous avons esquissé le tableau, et nous avons avancé une proposition juste, lorsque nous avons dit que des enseignements de haute moralité découlaient souvent du simple rapprochement du texte des lois.

LIVRE PREMIER.

———

DE LA PÉNALITÉ.

§ II.

Fait accompli. — Complicité.

=Un projet de loi qui portait certaines modifications au Code d'instruction criminelle fut voté dans la session de 1842, par la chambre des députés.

En 1843, la chambre des pairs ne sanctionna pas ce vote, et le projet fut rejeté dans la séance du 22 mai.

Cet incident législatif contraria généralement les organes de la presse.

Ceux qui partirent du point de vue politique blâmèrent amèrement le rejet d'une amélioration législative criminelle, selon eux pesante pour les droits sacrés des libertés publiques et individuelles.

Ceux, au contraire, qui ne sont pas effrayés des rigueurs de nos Codes regrettèrent le vote de la chambre des pairs, mais seulement comme rejet d'un véritable progrès législatif sagement compris.

La législature de la chambre des pairs a-t-elle écarté une réforme vraiment désirable dans l'état actuel de notre législation, ou bien le projet présenté affaiblissait-il la justice criminelle au début de son action salutaire?

L'harmonie de nos Codes a-t-elle à souffrir de la révision partielle de quelques-unes des dispositions qu'ils contiennent?

Faut-il tout revoir pour ne plus dater de l'Empire, et cette époque de gloire n'a-t-elle aucun droit à notre reconnaissance?

Faut-il annuler ses travaux législatifs, frappés, dit-on, au coin d'un esprit réactionnaire et despotique(1).

Ces graves questions furent l'objet d'une controverse plus ou moins approfondie par les légistes qui prirent part à la discussion du projet de loi présenté par le gouvernement en 1842.

Notre intention n'est pas de reproduire ou de combattre les arguments qui furent présentés pour ou contre le projet.

Notre pensée est de répondre aux questions que nous venons de poser par une exacte et courte analyse des principes généraux de notre législation criminelle rapprochée du droit criminel précédent.

(1) « Il n'y a pas à revenir sur les reproches adressés à quelques articles du Code d'inst. crim.; articles attentatoires à la liberté des citoyens et dont la sévérité s'explique seulement quand on se souvient qu'ils ont été adoptés sous un gouvernement militaire et absolu. » Chambre des députés, séance du 15 février 1845, M. Roger (du Loiret).

Nous pensons que procéder ainsi, en toute matière, c'est prendre la voie la plus sûre pour résoudre sainement les difficultés législatives, et pour reconnaître la nécessité d'une réforme, ou le danger de toucher aux lois en vigueur.

=Les principes généraux de la pénalité gouvernent l'action des règles de l'instruction criminelle, par conséquent il est indispensable de fixer premièrement le caractère des causes principales qui, dans les différentes législations, ont toujours provoqué l'action prompte et bienfaisante des règles du droit criminel.

Et d'abord, le fait accompli qualifié crime ou délit, est la cause qui détermine pleinement l'action répressive des règles du droit criminel et pénal.

La vérité de cette première énonciation dérive naturellement de la conséquence même du fait matériel consommé. L'action répressive de la justice repose, dans ce cas, sur une base assurée, elle atteint utilement l'auteur et le complice du crime ou du délit.

=La *complicité*, en règle générale, entraîne la même responsabilité que l'exécution du crime ou du délit.

Ce principe législatif domine sagement tout le système pénal.

Trois ordres de complicité sont admis dans le droit criminel qui nous régit.

1º La participation au fait matériel du crime ou du délit.

Il y a participation au fait matériel du crime ou du délit, lorsqu'on participe à l'exécution du fait matériel lui-même, ou lorsqu'on donne les moyens d'exécuter le fait coupable, par exemple, en fournissant les armes, les instruments, ou tout autre moyen qui peut conduire à l'accomplissement du crime.

2° La participation morale ordinaire, ou fait coupable exécuté.

Cet ordre de complicité est double.

Son caractère premier résulte d'une provocation directe et personnelle, de commettre un crime, par dons, promesses, menaces, abus d'autorité ou de pouvoir, machinations ou artifices coupables. Cela suppose un rapport direct avec l'auteur du crime ou du délit.

Le second caractère de la participation morale ordinaire au crime peut résulter indirectement d'un mandat donné à un tiers directement, ou transmis par voie tierce, par exemple, si je charge tel individu de trouver un homme pour exécuter tel crime ou tel délit, dans cette circonstance deux volontés ont concouru avec celle qui a exécuté, car le tiers qui a transmis le mandat est complice lui-même, s'étant approprié la pensée de son mandant, puisqu'il a fourni les moyens d'exécution. Cette voie de complicité pourrait conduire logiquement à l'infini, s'il était possible de concevoir la transmission successive de mandats nombreux de cette nature.

3° La conquête du droit de publicité, par la presse, a donné lieu à la création d'une participation morale nouvelle au crime.

L'usage d'un droit, de quelque nature qu'il soit, conduit souvent à l'usurpation, et la répression est le correctif de l'abus. Ce raisonnement, tout simple et tout légal, justifie les dispositions de la loi du 17 mai 1819.

Ce dernier et troisième ordre de complicité existe indépendamment de tout rapport avec l'auteur ou les auteurs du crime ou du délit.

La voie de publicité par la presse est un moyen large de provocation. Dans ce cas, un conseil funeste s'adresse à tous, et s'il arrive qu'il soit recueilli, et qu'un crime s'exécute avec les éléments de cette provocation qui n'est pas tellement éloignée que la pensée du mal n'en soit la conséquence, on conçoit alors que les conseils provocateurs et presque simultanés à l'exécution de l'attentat rendent complice de celui qui a mis en pratique des théories funestes au bon ordre et aux intérêts de la chose publique.

Cette conclusion n'est pas une fausse route tracée à la bonne justice, dispensatrice des peines. Elle tombe naturellement dans le domaine d'appréciation du juge. C'est un principe d'application du droit commun ; de bonne foi, on ne peut admettre un privilége pour le mode le plus large à provoquer au mal.

= Ces règles étaient-elles les mêmes sous l'empire du droit ancien et du droit intermédiaire ?

Le fait accompli, qualifié crime ou délit, a dû toujours provoquer, dans toutes les législations, l'action immédiate du droit criminel contre l'auteur ou son complice.

Ce point n'est pas douteux.

Le complicité était prévue par le titre III du Code pénal de 1791 : elle résultait également des circonstances qui sont rappelées aux articles 60, 61 et 62 du Code pénal de 1810. Cette même législation admettait la complicité résultant de la publicité par la voie de la presse (titre III, article II).

Les criminalistes anciens indiquaient quatre manières de commettre un crime ou un délit :

Facto, dicto, scripto (pièces falsifiées ou libelles diffamatoires) et *consensu.*

La complicité dérivait du consentement, et les différentes manières de devenir complices étaient caractérisées avec la même précision de langage.

Opem ferendo, jussu, mandato, consilio, ratihabitione (1).

Cette cinquième et dernière espèce de complicité était l'approbation donnée au crime après qu'il avait été commis, lorsque cette approbation s'exprimait par un moyen tacite quelconque, par exemple, par gestes, etc., etc.

Cependant, ce genre de complicité n'exposait qu'à des condamnations pécuniaires, à moins qu'il ne se fût agi des crimes les plus atroces, tel que celui de lèse-majesté au premier chef, ou d'assassinat.

Dans le système d'une bonne législation criminelle, l'approbation tacite ne doit faire admettre la complicité dans aucun cas, par le simple motif qu'il n'est pas rationnel de devenir complice par rétroactivité d'intention d'un crime ou d'un délit qu'on ignorait au moment où il a été commis.

Mais l'approbation tacite d'une action mauvaise peut prendre un caractère coupable, en ce sens qu'elle peut devenir provocatrice à commettre un crime de même nature. Ainsi, si cette approbation directe du crime commis se manifeste tacitement par quelques moyens prévus par l'article 1er de la loi du

---

(1) Muyart de Vouglans, *Inst. au droit crim.*, p. 10.

18 mai 1819, par exemple, par des dessins, des gravures, des peintures ou emblèmes, distribués ou affichés, et qu'un attentat de la même nature se reproduise, évidemment l'approbation, d'abord tacite, peut conduire à la complicité du second crime commis.

Si ce genre d'approbation du crime n'est pas suivi d'un second fait coupable et de la même nature, il ne doit pas perdre pour cela, selon nous, son caractère d'acte provocateur ; et si un fait coupable ne s'ensuit pas, l'approbateur du crime ou du délit devenu provocateur est soumis aux peines prévues par les articles 2 et 3 de la loi du 17 mai 1819.

Nous pensons, à plus forte raison, que l'approbation publique, patente et écrite du crime commis ne serait pas suffisamment flétrie en la taxant simplement d'immoralité, comme l'énoncent les auteurs de la théorie du code pénal (1). Nous croyons que la vindicte publique ne serait pas satisfaite ; car l'approbation ou la ratification du crime sont tout à la fois une provocation indirecte contre les intérêts sociaux, et une atteinte grave portée à la morale publique. Les tribunaux répressifs sont institués pour maintenir intégralement le respect des droits matériels et moraux de la société.

L'art. 8 de la loi du 9 septembre 1835 a sagement puni, par cette dernière considération, toute apologie de faits qualifiés crimes et délits par la loi pénale.

La complicité par conseil, *consilio*, indiquait, dans l'ancienne jurisprudence, les conseils donnés en particulier à l'auteur du crime ou du délit.

(1) MM. Chauveau et Faustin Hélie, t. II, p. 91.

« Conseiller le crime, dit Muyart de Vouglans, ce n'est pas seulement avertir, exhorter, mais encore persuader et enseigner les moyens propres à parvenir à la consommation du crime. »

Ces préceptes sont encore des règles d'une application exacte, dans les nuances d'une des questions les plus ardues du droit pénal.

Les interprètes du droit criminel ancien admettaient, dans le nombre des approbations tacites du crime, la circonstance de ne pas empêcher le crime, lorsque cela était en son pouvoir.

Cette espèce de complicité ne doit pas être admise ; elle était fondée sur une fausse interprétation des obligations du for intérieur. La pusillanimité, l'inaction ou la négligence ne peuvent équivaloir à la volonté du crime qui est le premier élément de son existence.

La non-révélation d'un crime était également une cause de complicité dans certains cas.

L'ordonnance de 1477 punissait de mort celui qui n'avait pas révélé un complot. Les enseignements des juristes apprenaient que le non-révélateur du crime de lèse-majesté devenait complice de ce crime atroce.

Il est facile de reconnaître la fausse application des règles de la non-révélation d'un crime, par la raison que le silence gardé sur la connaissance d'un crime ne peut aider, ni provoquer, l'exécution d'un attentat.

Aujourd'hui, c'est un devoir civique qu'il est libre à chacun de remplir.

§ III.

Tentative.

L'accomplissement du fait constitutif du crime et du délit, et la complicité de ce fait, ne sont pas les seules causes qui déterminent l'action répressive des règles du droit criminel ; et si un obstacle quelconque a préservé la société d'un mal qu'une intention coupable avait préparé, il y a même besoin pour elle d'agir contre l'homme méchant et son complice, qui ne se sont arrêtés, au commencement de leur crime, que parce qu'ils n'ont pu l'accomplir par des circonstances indépendantes de leur volonté.

Ce côté moral du droit a produit le fait de *tentative*, qui forme également une cause déterminante de l'action des règles du droit criminel.

L'intention manifestée par des actes palpables est la mesure des actions arrêtées chez l'homme ; le fait coupable conçu, exécuté, par tentative, se trouve en dehors de la pensée intentionnelle, qui n'est pas soumise au pouvoir de la loi écrite, mais seulement aux règles non moins impérieuses de la conscience.

= Les termes de l'article 2 du Code pénal caractérisent pleinement le fait de tentative.

La tentative du fait qualifié crime, porte cet article, suivie d'un *commencement d'exécution* qui n'a manqué son effet que par des circonstances indépendantes de la volonté de son auteur, est considérée comme le crime même.

La tentative du fait qualifié délit, complétée par les deux circonstances rappelées à l'art. 2 du Code pénal, n'est considérée comme le délit même que dans les cas déterminés par une disposition spéciale de la loi (art. 3).

Aux yeux de la loi, la tentative du fait qualifié délit dérive d'une intention moins coupable, par conséquent, une pensée moins perverse a préparé les moyens de commettre une action dont l'accomplissement n'a pour résultat que de blesser des intérêts minimes.

Notre législation pénale a donc agi sagement en évitant de proclamer pour les délits un principe général que le caractère toujours grave des faits qualifiés crimes devait autoriser.

= Le fait de tentative était-il régi par les mêmes préceptes, dans le droit criminel ancien et dans le droit criminel intermédiaire ?

Un capitulaire de **Charlemagne** avait donné naissance à cette règle de droit : *Qu'en tous méfaits, la volonté est réputée pour le fait* (1).

Cette règle ne distinguait pas, elle était générale ; pour le fait qualifié crime, comme pour le fait qualifié délit.

En 1579, sous l'empire de cette règle, le roi Henri III rendit l'ordonnance de Blois concernant le crime d'assassinat, d'homicide et de meurtre par guet-apens. Cette ordonnance portait que la seule *machination* serait punie de mort, encore que l'effet ne s'en soit *ensuivi*.

Rien dans les termes de cet acte de puissance royale et législative était explicite pour déterminer l'action de la tentative ; aussi Rousseaud de la Combe, Matières criminelles, t. II, p. 62, rapporte un arrêt de 8 mai 1731, qui condamna le nommé François Volut, dit Joinville, à être rompu, préalablement appliqué à la question, *sans que le dessein projeté d'assassinat eût eu d'exécution*.

La disposition de cet arrêt fut la rigoureuse application de l'ordonnance de Blois, et nous devons en conclure que la législation ancienne n'admettait pas le fait de tentative, tel que nos lois pénales en déterminent le caractère.

Il est bon cependant d'observer que l'usage avait tempéré la rigueur des termes de l'ordonnance de 1579. C'est ce qui est enseigné par les anciens juristes, qui admettaient la manifestation préalable d'une intention formelle de commettre un crime pour appliquer la peine encourue par ce crime.

(1) Loisel, liv. VI, t. 1er, règ. 1re.

De Vouglans (1) donne des exemples qui sont l'équivalent du fait qui constitue dans nos lois la tentative ; mais il y a cette différence, qu'un conseil donné à l'arbitraire du juge est devenu, dans nos Codes, un précepte de loi.

== Le droit criminel intermédiaire avait clairement marqué le fait de tentative ; cela résulte des articles 13, 15 et 16 du Code de 1791 ; la loi du 22 prairial an iv en contient la définition pour tout crime en général, dans les termes suivants :

« Toute tentative de crime manifestée par des actes » antérieurs et suivie d'un commencement d'exécu- » tion, sera punie comme le crime même, si elle n'a » été suspendue que par des circonstances fortuites » indépendantes de la volonté du prévenu. »

Le Code pénal de 1810 s'exprime dans des termes à peu près identiques dans l'article 2 ; mais, comme nous l'avons indiqué précédemment, le législateur de 1810 a été plus loin que le législateur de 1791 et de l'an ix, lorsqu'il a considéré qu'un fait de tentative pouvait donner lieu à une peine même pour un simple délit. Nous avons observé, cependant, que l'article 3 du Code pénal posait des limites à cette addition à la législation criminelle intermédiaire, puisque la tentative envers les délits est un droit répressif exceptionnel, et qui ne s'applique qu'à certains délits déterminés par la loi. Ces cas sont rares, et ils se renferment dans les articles 179, 241, 245, 388, 400, 401, 405, 414 et 415 du Code pénal.

Ainsi, dans les principes de la nouvelle législation

(1) *Traité des crimes et des peines*, titre IV, p. 373.

criminelle, deux circonstances principales commandent les règles du droit criminel contre l'auteur et le complice.

1° Du fait accompli qualifié crime ou délit ;

2° De la tentative d'un crime ou de la tentative d'un délit, lorsqu'elle est prévue par la loi.

Dans l'un comme dans l'autre cas, sauf quelques exceptions, il faut que la tentative soit suivie d'un *commencement d'exécution* qui n'a été suspendu ou qui n'a manqué son effet que par des circonstances indépendantes de son auteur.

= En théorie, un commencement d'exécution peut être diversement interprété : par exemple, pour le vol, le fait d'escalade, d'effraction ou l'ouverture des portes extérieures et intérieures, ne suffit pas pour constituer le commencement d'exécution du crime du vol. Le secret intentionnel de l'homme est encore entier pour lui ; jusque-là il n'a pas fait connaître à quelle espèce de crime son intention s'est arrêtée. Son introduction dans le domicile d'autrui peut avoir pour but l'assassinat, l'incendie, comme le vol.

= Dans la pratique, ces considérations peuvent se concilier avec la juste et saine appréciation d'une action de violence, qui par son caractère devient un fait coupable, et qui nécessairement constitue un acte extérieur d'intention mauvaise.

La question d'un fait d'escalade ou d'effraction isolée peut ne pas être une tentative de vol dans les termes de l'article 2 du Code pénal ; mais les circonstances qui entourent l'auteur de cette action doivent ordinairement fournir les éléments nécessaires d'appréciation.

1° Au juge de la prévention ;

3

2° Au juge d'accusation ;

3° En définitive au juré, juge du fait ; par exemple, l'ouverture d'un meuble garnissant la maison.

═ Nous venons de démontrer que le commencement d'exécution est le premier élément de la tentative ; nous avons ajouté que cette règle invariable souffrait cependant quelques exceptions dans notre système pénal.

Ces exceptions sont rares ; elles sont resserrées dans des limites d'une prévoyance sagement justifiée par leur application à des circonstances qui blessent profondément l'ordre social ou la majesté du pouvoir qui commande aux destinées du pays.

Le second alinéa de l'art. 89, les articles 80 et 81 du Code pénal renferment la première catégorie d'exceptions. La première exception de cette catégorie résulte du complot qui a pour but l'attentat contre la vie du roi ou contre les lois fondamentales du gouvernement. La loi définit le complot, la *résolution d'agir concertée ou arrêtée entre deux ou plusieurs personnes* (art. 89) ; la volonté d'agir suffit donc, dans ce cas, pour rendre passibles des lois pénales.

L'expression générique de complot suppose un dessein criminel concerté entre plusieurs personnes ; par conséquent, ce mot dans notre langue exclut l'idée d'un dessein coupable projeté par un seul individu. Le sens grammatical de complot a fait naître la deuxième exception appliquée au fait qui constitue la tentative.

Cette exception ressort des termes de l'article 90 ; lorsqu'un individu aura formé seul la résolution de commettre l'un des crimes prévus par l'article 86,

dont les dispositions se réfèrent à l'attentat contre la
vie du roi ou contre la vie des personnes placées le
plus près du trône.

On conçoit cette seconde dérogation du droit commun ; elle se justifie par les formes du gouvernement
qui nous régit, et ce privilége n'est qu'un bénéfice résultant du besoin impérieux pour le pays de faire que
les lois soient plus soucieuses de la monarchie, qui
est la sauvegarde immuable de ses intérêts généraux.

Cependant cette exception, moins large que la première, n'incrimine la résolution formée par une seule
personne que lorsqu'un acte aura été commis ou commencé pour préparer l'exécution du fait coupable résolu ; par exemple, si le prévenu a préparé des armes
propres à son dessein.

L'article 91 détermine la troisième exception ; elle
a pour but la répression de l'excitation à la guerre
civile.

Le complot et la proposition même de former un
complot tendant à porter la dévastation, le massacre
ou le pillage dans un lieu quelconque, soumettent les
coupables, dans ces deux circonstances, aux peines
portées dans l'article 89.

La justification de cette exception résulte suffisamment de l'énoncé seul de la gravité des crimes prévus
par l'article 84 du Code pénal ; car la seule volonté de
commettre un des crimes de cette nature est une ré-
volte audacieuse contre l'existence même de la société.

Il suit de ce qui précède que la règle générale de
l'ancien droit criminel, qu'en tous méfaits la volonté
est réputée pour le fait, est aujourd'hui une exception
restreinte et rigoureuse du principe sagement et libé-

ralement admis, qu'il faut toujours, pour donner lieu
à des peines, un commencement d'exécution du crime
conçu.

La deuxième catégorie d'exception découle impli-
citement des dispositions des articles 132 et suivants
en matière de faux, et de l'article 365 en matière de
subornation de témoins, c'est-à-dire en ce sens que la
loi prononce une peine pour des actes qui ne peuvent
avoir des conséquences nuisibles qu'autant que le suborneur obtient à son profit de faux témoignages, ou
que le fabricateur fait usage de pièces fausses.

Avant d'admettre l'application d'une peine, l'esprit
de l'article 2 du Code pénal suppose un commencement d'exécution de l'acte qui a un caractère sérieux
de culpabilité et portant *actuellement* préjudice à autrui.

Cette dernière condition ne se trouve pas dans les
cas prévus par les articles 132 et suivants et par l'article 365 ; mais l'acte préparatoire a une gravité telle
que, dans ces deux circonstances, la rigueur de la loi
est pleinement justifiée. Le suborneur de témoins
apporte une atteinte grave à la morale publique, et le
fabricateur de fausses monnaies ou de papiers authen-
tiques outrage la majesté de la puissance publique
dont il usurpe les pouvoirs.

Le législateur a dû maintenir dans la même exception les autres espèces de crimes de faux ; il y a une
raison puissante d'intérêt public qui commande de
se prémunir contre cette voie dangereuse et facile
pour vicier la loyauté des relations sociales.

Enfin, la troisième catégorie d'exceptions à l'article 2 du Code pénal diffère par sa nature de celles que

nous venons d'énumérer. Le Code pénal en fournit deux exemples ; il faut, dans ces deux cas, *plus* qu'un commencement d'exécution pour que la tentative soit punie des mêmes peines que le crime lui-même ; il faut encore que l'*effet s'ensuive*. Cela résulte de l'article 317, paragraphe 2, en matière de tentative d'avortement de la part d'une femme enceinte, et de l'article 179, paragraphe 2, en matière de corruption de fonctionnaires :

Ce supplément de motifs que la loi pénale exige dans les articles 179 et 317, pour que la tentative soit régie par les dispositions générales de l'article 2 du Code pénal, est la conséquence de ces deux considérations.

1° Que le législateur a cru pouvoir, dans le premier exemple, se montrer indulgent pour un acte mauvais qui n'est rien, si l'effet ne s'ensuit ;

2° Qu'il a vu, en second lieu, une raison d'atténuation de peine, lorsque le fonctionnaire n'a pas cédé à la corruption.

= Nous avons parcouru, dans le cadre restreint de deux chapitres, les préceptes qui sont la base de notre législation pénale. Le rapprochement des règles fondamentales de ce système législatif donne à l'esprit une confiance qui peut se perdre quelquefois dans l'exposé théorique de la science.

Nous terminerons nos observations sur cette matière par le chapitre suivant ; et en nous rappelant à la fin de ce chapitre les questions que nous avons posées au début du chapitre 2, nous déduirons de ces questions les conséquences qui nous paraîtront d'une saine application au Code pénal de 1810.

§ IV.

Division. — Classement des crimes et délits.

Nous avons précédemment rappelé les causes principales qui déterminent l'action des règles du droit
criminel. Nous avons dit que l'exercice de cette action repose sur les principes généraux du droit pénal,
et nous en avons établi les règles et les préceptes.

Cette première indication ne suffit pas. Il importe
de connaître les différents modes employés à ces diverses époques législatives pour la division et le classement des crimes et délits.

Ce point de doctrine est d'une appréciation majeure pour l'intelligence de la matière, et pour marquer la précision et l'ensemble des lois criminelles
qui nous régissent.

=Le terme générique de *crime* employé pour qualifier une action coupable euvers la chose publique ou l'intérêt particulier se divisait, sous l'ancienne législation, suivant la gravité de l'action ; ainsi, dans le langage criminel ancien, le mot *délit* exprimait les moindres crimes, et le mot *crime* exprimait les plus atroces.

Le Palais avait le petit et le grand criminel. La doctrine des auteurs venait en aide à cette définition incomplète des crimes moindres et des crimes atroces.

« Pour former le crime, il faut du dol ou de la faute de la part de celui qui le commet : *dolo aut culpa facientis*.

On appelle *dol* ce qui se fait sans le dessein de nuire, et *faute* tout le mal qui se fait sans le dessein formel de nuire.

On voit par là que c'est proprement le dol qui fait le crime et qui rend le coupable sujet aux peines portées par les lois.

La faute opère seulement ce qu'on appelle en droit *délit* ou *quasi-délit* et ne soumet ordinairement celui qui le commet, qu'à des condamnations pécuniaires (1) ».

Le dol accompagné de préméditation ou de guet-apens caractérisait le crime atroce au premier degré, par exemple, le crime d'assassinat.

Le dol non suivi de préméditation était pris pour le crime moindre, par exemple, des blessures faites par la colère dans une rixe.

Le mot délit précisait l'action du dernier exemple : « La faute se commet également faisant une

(1) Muyart de Vouglans, *Inst. au droit crim.*, p. 4.

faute sans dessein de nuire, et dont il résulte néanmoins du préjudice à un tiers. » (de Vouglans.)

Le quasi-délit doit nécessairement s'inférer principalement de cette définition.

═ Les lois intermédiaires n'avaient pas de classifica-
tion textuelle des crimes et délits ; la division des matières en sections en déterminait le classement. La
loi dans la définition suivante s'exprimait en termes
généraux :

« Faire ce que défendent, ne pas faire ce qu'or-
donnent les lois qui ont pour objet le maintien de
l'ordre social et la tranquillité publique, est un délit.»
(Loi du 3 brumaire an IV.)

═ Au contraire, le législateur de 1810 a formé trois
grandes divisions des actions soumises à la prohibition de la loi. Il s'est servi de l'échelle des peines pour
marquer le caractère du fait qualifié *crime*, *délit* ou
contravention.

« L'infraction que les lois punissent des peines de
police est une contravention.

» L'infraction que les lois punissent des peines
correctionnelles est un délit.

» L'infraction que les lois punissent d'une peine afflictive ou infamante est un crime. » (Art premier
du Code pénal.)

L'article premier du Code pénal a été l'objet d'une
critique amère de la part d'un savant publiciste moderne (1). Après lui, les auteurs de la Théorie du
Code pénal (2) ont rétabli le véritable caractère législatif qui lui appartient. Ils ont démontré que,

(1) M. Rossi, *Traité du droit pénal*, t. Ier, p. 54.
(2) MM. Chauveau et Faustin Hélie, t. Ier, p. 30 et suiv.

dans la pensée du législateur de 1810, les dispositions de l'article premier du Code pénal n'avaient pas d'autre but que celui de la division ou du classement des crimes et délits. C'est un point qui nous paraît sans réplique, et la thèse contraire n'a rien de sérieux.

Selon nous, la mesure de l'échelle pénale adoptée par le législateur de 1810 prépare avec avantage la division de la matière. La pensée se fixe tout d'abord sur le fait qualifié par la loi crime, délit ou contravention, et cette mesure d'une application prompte et facile, dispense des inconvénients d'une définition qui prête si souvent à l'arbitraire de l'interprétation.

Ainsi, nous nous croyons en droit de conclure, par le rapprochement que nous venons de faire des différentes dispositions législatives, que le législateur de 1810 a sagement dégagé la matière criminelle des termes vagues des crimes moindres et des crimes atroces de l'ancienne législation, et qu'il a agi avec la même sagesse, lorsqu'il a évité la définition non moins vague des lois intermédiaires concernant le fait qualifié crime ou délit.

Le mot contravention exprimant un fait que la loi punit, est un terme législatif nouveau. C'est la troisième catégorie des actions défendues par la loi ou les règlements de police.

Enfin, le quasi-délit est la simple faute de la législation criminelle ancienne. C'est avec raison que le quasi-délit ne figure pas dans la nomenclature des faits coupables prévus par le Code pénal, et le rang qu'il occupe dans les articles 1382 et 1383 du Code civil est une appréciation mieux entendue de la nature de ce délit. En effet, l'intention, la volonté de mal faire, ou l'imprévoyance grossière, sont justement les seuls signes caractéristiques des actions soumises à la loi pénale.

=Il importe d'établir brièvement la division des crimes et délits employée dans le droit criminel romain, pour mieux apprécier les améliorations législatives criminelles qui se sont graduellement opérées dans les législations suivantes :

A Rome, les crimes ou délits étaient publics ou privés.

Les crimes privés étaient ceux qui ne concernaient que les particuliers, et dont la poursuite n'appartenait qu'à celui qui avait droit à une réparation.

Les crimes publics regardaient l'intérêt public, et dans ce cas, la poursuite appartenait à toute personne quelconque : *à quovis de populo.*

Le crime public et le crime privé se subdivisaient en crime *ordinaire* et en crime *extraordinaire.*

Les Romains appelaient crimes ordinaires, ceux qui étaient punis par la loi d'une peine certaine et déterminée, et qu'il était rarement au pouvoir du juge de diminuer ou d'augmenter.

La poursuite du crime ordinaire avait lieu par voie de demande et de réponse au jugement.

Les crimes qualifiés extraordinaires étaient ceux que la loi romaine ne frappait pas d'une peine fixe et certaine. La peine de ce genre de crime restait à l'arbitraire du juge, selon la gravité du crime.

La poursuite des crimes et délits extraordinaires suivait elle-même la voie *extraordinaire* de la plainte, de l'accusation et de l'instruction.

La qualification des crimes capitaux ou non capitaux était également admise chez les Romains. Les
crimes capitaux étaient ceux dont la peine entraînait
la mort naturelle ou la mort civile ; les crimes non
capitaux étaient au contraire ceux qui n'avaient pour
conséquence qu'une peine corporelle sans infamie,
ou simplement une peine pécuniaire.

═ Les principes d'instruction admis dans notre ancienne législation criminelle firent rejeter la division
des crimes, en crime et délits ordinaires et extraordinaires.

Tous les crimes et délits étaient extraordinaires
dans le sens des usages romains, par la raison que
la poursuite de tout procès criminel avait lieu par la
voie de la plainte, de l'accusation, et de l'instruction ;
seulement, dans l'instruction, on attendait par règlement à l'extraordinaire, le recolement et la confrontation des témoins, lorsque cette mesure était jugée
nécessaire par la gravité de l'accusation.

Le mode dangereux d'un procès jugé sans instruction préalable n'était plus suivi dans les formes de
la procédure criminelle ; les peines selon la gravité
du délit, ou suivant la qualité de l'accusé, tombaient
toujours dans le domaine d'appréciation du juge, et
sous ce point de vue encore, tout crime ou délit était
extraordinaire, ainsi que l'entendaient les Romains.

Rousseaud de la Combe (1) enseigne que les autres divisions des crimes et délits du droit romain
n'avaient rien de contraire aux usages pratiques du
droit français ; les peines capitales que les juristes
dans le langage criminel emploient même aujour-

_____

(1) *Traité des matières criminelles*, p. 2.

d'hui par opposition aux peines moins graves, avaient
fait donner à certains actes la dénomination de crimes et délits capitaux, et non capitaux.

On admettait également, dans l'ancien droit, la
dénomination de *délit privé*, et la poursuite de cette
espèce de délit appartenait à celui qui en éprouvait
du préjudice, mais toujours la partie publique devenait partie jointe dans la poursuite des faits qualifiés délits privés.

= Les législateurs qui ont suivi ont ajouté aux améliorations législatives opérées sons l'ancienne législation criminelle de l'ordonnance de 1670 ; les dispositions favorables à l'intelligence du droit se sont
précisées dans les Codes de notre société moderne.
Toute définition, division et subdivision scolastiques
des crimes et délits ont été sagement évitées dans nos
lois criminelles brièvement formulées. Toute peine a
ses limites que la volonté du juge ne peut dépasser ;
son droit ne peut se mouvoir que du *maximum* au
minimum de la peine fixée par nos Codes.

Le crime et le délit privé est une qualification qui
n'est plus en harmonie avec notre système pénal, et
alors même que l'initiative de la poursuite est re-
fusée par la loi au minstère public ; cependant ce
magistrat, seul gardien de l'intérêt social, a le droit
devant les tribunaux de requérir la réparation pénale du fait coupable déféré à la justice criminelle
par la partie civile ; en ce sens, il devient partie jointe
comme sous l'ancienne législation ; ainsi, en principe,
la vindicte publique est entièrement confiée aux soins
du ministère public, lorsqu'il s'agit de punir la transgression des lois et des règlements de police.

Il suit, des observations précédentes, la démonstration de trois choses utiles :

La première, qui consiste à reconnaître les avantages de l'échelle pénale, comme moyen de classement des crimes et délits ;

La seconde, qui démontre que nos législateurs anciens et modernes, en cela mieux inspirés que les Romains, ont compris le besoin d'une unité morale d'action répressive dans un corps social : le ministère public représente cette haute pensée véritablement tutélaire de l'intérêt public et du bon ordre ;

Enfin, la troisième utilité résulte des limites portées à l'arbitraire du juge dans l'application des peines.

La simplicité des préceptes législatifs est le premier mérite de toute codification. La brièveté n'est pas exclusive de la clarté, et ces deux attributs doivent surtout se révéler dans la législation criminelle. En ce cas, tout converge au bien, et les imperfections se corrigent sans désaccord avec la justesse des principes généraux qui sont la base d'un bon système législatif.

⸺ L'analyse comparée à laquelle nous nous sommes livré dans ces trois chapitres nous a démontré que l'esprit du Code pénal, auquel se rattache l'esprit des lois criminelles qui l'ont suivi, renferme les avantages d'une exacte précision législative. Rien n'est à faire dans les principes généraux du Code criminel, et sa révision entière n'aurait, à cet égard, d'autre résultat que la reproduction de ce qui a été fait à une époque d'une haute intelligence législative, alors même que l'école des *moralistes* se substituerait à à l'école dite des *utilitaires* (1).

(1) *Théorie du Code pénal*, par MM. Chauveau et Faustin Hélie, t. I, p. 20.

=L'attaque des réformateurs criminalistes ne peut s'élever que contre le degré des peines.

Mais ici la thèse change ; le champ de la discussion s'élargit, et la taxe de la peine, par rapport à la faute, n'est plus que l'appréciation arbitraire et plus ou moins juste d'un châtiment mérité pour un fait qualifié crime ou délit.

Ces questions sont d'une solution épineuse.

Les tâtonnements législatifs, si dangereux sur beaucoup d'autres points, deviennent une règle prudente en cette matière, et les réformes lentes un devoir impérieux pour le législateur.

L'expérience seule des mœurs publiques est la clef de toute nouvelle voie ouverte à la pénalité. Les entraînements indulgents ou sévères sont à craindre dans cette étude difficile, et alors mieux valent les correctifs lents et partiels que le déplacement de la base d'un monument solidement édifié.

= Ce déplacement est le résultat, selon l'avis de beaucoup de légistes, que doit produire la loi du régime cellulaire appliqué aux prisons et votée par la chambre des députés dans la session de 1844. Cette loi porte en effet une main hardie sur l'édifice du système de notre pénalité, et la réforme admise par la chambre des députés nous paraît radicale par rapport à la graduation nominale des peines, remplacée par le temps de l'emprisonnement cellulaire.

Ce nivellement matériel, dans l'action des peines, ne laisse-t-il rien à désirer pour l'effet moral qui doit toujours utilement réagir sur l'esprit public dans tout bon système pénal?

Cette mesure est-elle d'un intérêt vraiment social?

La voie nouvelle est-elle humainement sage?

La réponse à ces questions ne peut être affirmative sans témérité; elle peut être seulement appréciative de l'état actuel des choses, et l'expérience seule, cette science du temps, est là pour répondre avec sécurité. La source du bien et du mal en cette matière peut tromper, en somme, les prévisions les plus sages et les plus éclairées; mais, en procédant par l'expérience, la seule voie qui nous paraît sagement admissible dans la matière qui nous occupe, il n'est pas douteux que les moyens de répression de notre pénalité sont insuffisants sur la nature perverse de certains hommes. Le nombre des récidivistes n'est pas décroissant, et la statistique criminelle qui résulte annuellement du rapport fait au roi, depuis 1826, est le livre officiel d'où ressort cet enseignement (1).

Nous considérons cependant le régime cellulaire comme un mode rigoureux de pénalité. Ce régime, dans la pensée de ceux qui en demandent la création, doit conduire à la moralisation du condamné et devenir un préservatif contre l'infection morale du détenu préventivement. Si le but de cette pensée de haute philanthropie et de bien social n'était pas atteint, il faut au moins dès à présent admettre que le régime

---

(1) Dans la première période de quatre années, de 1826 à 1830, la moyenne des récidivistes soumis à des peines infamantes était de 16 sur 100; elle est de 25 sur 100 dans les deux dernières années de 1842 à 1843, d'après les derniers travaux statistiques criminels.

La récidive, en police correctionnelle, n'est pas non plus décroissante. Le dernier document officiel établit que, pour l'année 1843, le nombre des récidivistes a été de 15,471 prévenus. Ce chiffre est plus élevé que celui des années précédentes.

cellulaire contient un moyen puissant d'intimidation.

Il suffit, pour se convaincre de cette vérité, de reconnaître que la nature de l'homme le porte plus instinctivement que pour toute autre chose vers son semblable. L'isolement contrarie donc sans cesse cette première loi de la nature humaine, et conséquemment c'est une contrainte permanente qui pèse d'un poids énorme sur le moral du condamné, et dans son augmentation, le degré du poids se trouvera toujours en rapport avec le temps plus ou moins long de l'emprisonnement cellulaire. En second lieu, le genre humain est nuancé au moral comme au physique. C'est une règle qui lui est commune avec tout ce qui naît ou vit sur la surface du globe. Tout subit l'influence des lieux et du climat. Aussi l'expérience d'un peuple n'est pas un guide sur pour un autre peuple; et le plateau de la balance qui pèse les avantages ou les inconvénients de ce qui se pratique ne peut être jamais d'une égale dimension pour tous les pays.

Les habitudes, les mœurs, la civilisation d'un peuple ont également leur part d'influence sur l'organisation de l'homme, et ce sont encore là des éléments d'étude qu'on est souvent étonné de trouver différents dans les diverses parties territoriales d'une même nation. Il faut donc procéder, pour ce qu'il y a à faire dans tout système de pénalité, par l'analyse de faits résultant sur tout le territoire d'une expérience longue et générale.

Les sentiments d'humanité de prime abord seraient plus à l'aise si le régime cellulaire ne devait frapper que la classe des récidivistes. Une seconde faute justifie une plus grande rigueur. Il y aurait en France, dans un système mixte d'application de pénalité, beaucoup moins d'inconvénients à craindre que dans l'application générale et uniforme du système de Philadelphie. Il résulterait encore des catégories créées dans le mode de détention cet autre avantage, de ne pas niveler l'action morale des peines dans leur application. Nous considérons, ainsi que nous l'avons déjà observé, la graduation nominale des peines dans leur exécution ou application comme une règle inséparable d'un bon système pénal.

Ces réflexions, que d'autres ont faites avant nous et que nous-mêmes avons puisées dans l'expérience de nos fonctions, ont à subir une seconde épreuve de discussion à la chambre des pairs. Ce second vote pourra s'éclairer des documents transmis à la chancellerie par les cours royales du royaume qui, depuis le vote de la chambre des députés, ont été consultées sur cette grande mesure, toute à la fois d'intérêt social, d'humanité et de finance.

La surveillance de la haute police est également confiée aux soins de l'administration. Nous ferons quelques observations sur les graves difficultés que cette mesure a fait naître dans son exécution.

Les libérés placés sous la surveillance de la haute police trouvent rarement dans cette mesure un moyen qui les conduit à devenir meilleurs ; la surveillance, au contraire, est pour eux un prétexte pour se livrer à une vie errante qui ne peut que les maintenir dans leurs mauvais penchants.

Le thème répété par tous ceux qui rompent leur ban, et le nombre en est grand (en 1843, le dernier chiffre officiel, il y a eu 2,980 condamnés pour rupture de ban), est de dire que la surveillance devient pour eux un obstacle insurmontable pour se livrer au travail. « Nous sommes renvoyés, disent-ils, par les personnes qui nous occupent, aussitôt qu'elles connaissent la mesure qui nous frappe. »

On a proposé au gouvernement, pour ôter tout prétexte de ce genre, d'ouvrir des ateliers de travail aux condamnés à la surveillance ; ce moyen difficile dans son exécution aurait au moins cet autre inconvénient, de paralyser pour la classe des libérés correctionnels l'efficacité du temps d'une surveillance utile qui ne peut être sérieuse et laisser des garanties, qu'au milieu même de la société.

Cependant, la défense habituellement présentée dans le délit de rupture de ban répose sur quelque chose de vrai ; mais le motif n'est pas suffisant pour priver la société du droit qui lui appartient de rester dans une défiance entière envers ceux qui ont blessé gravement ses intérêts, et d'en soumettre d'autres, pendant un certain temps, à l'œil vigilant de la police avant de les admettre entièrement libres dans ses rangs.

Ce principe n'est point contestable ; seulement le mode d'exécution est le problème que les criminalistes ont cherché à résoudre et qu'ils n'ont pas résolu jusqu'ici d'une manière satisfaisante. Cette difficulté a fait penser à quelques-uns d'entre eux que cette mesure était inutile ; mais nous croyons que c'est un moyen de sécurité sociale, dont il serait peut-être imprudent de se départir avant d'avoir l'expérience de l'emploi d'autres moyens pour en combattre les inconvénients.

Il nous paraît impossible d'arriver à une surveillance utile et efficace, et en même temps de compter sur une discrétion entière à l'égard de la position de l'individu soumis à la surveillance. C'est un mal sans remède, qu'il serait peut-être possible d'affaiblir par un moyen moral partant d'une police plus haut placée que les agents ordinaires de la police.

Ainsi, nous voudrions que le libéré soumis à la surveillance se présentât devant le procureur du roi de l'arrondissement qu'il aurait choisi pour sa résidence, muni de sa feuille de route. Ce magistrat se rendrait dépositaire de cette feuille et donnerait un sauf-conduit au libéré pour toute l'étendue de l'arrondissement, à la charge par ce dernier de trouver du travail dans les dix jours, et d'indiquer au procureur du roi son domicile réel et définitif.

Le procureur du roi alors donnerait au maire de la commune de la résidence du libéré les instructions qu'il croirait devoir concilier prudemment une efficace surveillance avec le silence qui doit être gardé sur la position du libéré.

Cette première précaution devrait avoir un appui salutaire dans le droit de grâce attaché à la prérogative royale, et appliqué avec sollicitude à cette peine accessoire, lorsque, après un temps d'épreuve déterminé pour chaque classe de libérés frappés de la surveillance, une bonne conduite et un travail assidu permettraient de penser que des idées d'ordre et d'honnêteté ont germé de nouveau dans l'esprit de l'homme qui avait blessé les devoirs sociaux.

Le terme d'épreuve assigné au droit de grâce ne serait pas, selon nous, un stimulant stérile pour faire naître en général, dans l'esprit du libéré soumis à la surveillance, une volonté ferme d'obtenir cette faveur par une bonne conduite et un travail assidu. Nous puisons le motif de le croire ainsi dans le sentiment naturel qui porte vivement les hommes à secouer le joug qui les gêne, et qui les place hors de la loi égale et commune pour tous.

Dans la session de 1844, une proposition renouvelée en 1845 a été faite à la chambre des pairs pour modifier le Code pénal dans ses dispositions sur la surveillance de la haute police. Cette proposition tendrait à rétablir, en partie, ce qui existait avant la loi du 28 avril 1832, principalement le droit qu'avait le gouvernement de fixer la résidence de l'individu soumis à la surveillance. Les inconvénients sociaux et particuliers aux libérés soumis à la surveillance, qui, par cette mesure, étaient à l'avance signalés à la défiance du public, furent les motifs de la réforme législative adoptée en 1832 sur ce point de droit criminel.

Le retour à des principes effacés de nos Codes ne s'accorde pas avec les progrès législatifs qui déjà ont fait jour à des sentiments plus généreux. En droit pénal, une rémission nouvelle écrite dans le Code est un droit définitivement acquis, et ce droit participe de la nature de ceux dont le maintien est commandé à la justice sociale.

LIVRE II.

————◆————

DE L'INSTRUCTION CRIMINELLE.

§ V.

Compétence. — Juge. — Tribunaux. — Tribunaux d'appel.

=Les enseignements des anciens juristes suivaient l'ordre que nous avons adopté dans l'examen de la législation criminelle. Cette marche est logique ; c'est partir de la cause pour arriver à l'effet, c'est-à-dire en précisant d'abord les principes qui régissent la pénalité, on arrive comme conséquence aux règles de l'instruction.

L'article 1ᵉʳ de l'ordonnance du mois d'août 1670 s'occupait de la compétence du juge. C'est un point de départ que nous devons choisir pour obtenir une analyse exacte et rigoureuse des principes de l'instruction criminelle. Cette voie doit nous conduire plus

promptement que toute autre à la conclusion des pro-
positions que nous avons posées dans le premier chapitre.

Nous avons répondu à ces questions pour le droit
pénal, et nous y répondrons pour l'instruction criminelle avec la même brièveté.

Nous n'oublierons pas dans notre examen les règles
qui touchent le plus près aux intérêts des libertés
publiques et individuelles; car c'est là l'objet principal qui excite les soucis de ceux qui critiquent notre
code d'instruction criminelle, et nos observations,
restreintes à l'exposé des principes généraux qui im-
portent le plus à l'intérêt social, tendent à justifier,
en général, cette partie du Code.

== Dans l'ancien droit, les règles de la compétence
étaient de deux espèces ; elles se tiraient de la qualité
du juge et du lieu où le crime avait été commis.

Le droit de glève, *merum imperium,* devait appartenir au juge. Ainsi, les juges consuls, les moyens et
bas justiciers qui n'avaient pas le droit de glève, ne
connaissaient pas des matières criminelles.

Le lieu où le crime avait été commis était le signe
premier du pouvoir du juge.

Plusieurs exceptions étaient apportées à ces règles
caractéristiques de la compétence du magistrat. Ces
exceptions naissaient 1° de la nature du crime; 2° de
la qualité des parties ; 3° des attributions de certains
tribunaux particuliers et qualifiés extraordinaires.

Les crimes de leur nature étaient *cas ordinaires,*
cas prévôtaux ou *cas royaux.* Les cas ordinaires étaient
les crimes commis sans circonstances aggravantes, tels
que l'homicide sans préméditation, le vol simple, etc.

Les juges royaux subalternes, les prévôts du nom de lieutenant criminel, châtelains, vigiers, vicomtes, connaissaient de ce genre de crime, en concurrence avec les juges des seigneurs.

Les cas prévôtaux ou présidiaux étaient les crimes qui intéressaient particulièrement la police et la sûreté publique, l'assassinat prémédité, le vol avec effraction. Tout crime commis par vagabonds, gens sans aveu, étaient jugés par les prévôts des maréchaux, c'est-à-dire par les officiers commandants la force publique ou la *maréchaussée*, les lieutenants criminels de robe courte avaient les mêmes pouvoirs.

Les cas royaux constituaient les crimes qui intéressaient directement la personne du roi, ou qui portaient atteinte aux intérêts de l'État et à ceux de la société civile ; par exemple, les assemblées illicites, les séditions populaires, la fabrication de la fausse monnaie, etc., etc. Ces crimes étaient de la compétence des prévôts, baillis et sénéchaux préposés par le roi dans les justices royales.

Les exceptions tirées de la qualité des parties étaient fondées sur des privilèges particuliers qui donnaient le droit à certains accusés d'être jugés par un juge spécial qui pouvait être tout autre que celui du lieu où le crime avait été commis.

Ces privilèges appartenaient aux gentilshommes, aux officiers de judicature, aux gens d'église ; il en était de même pour les tribunaux extraordinaires, spécialement appelés à connaître de certains crimes, lorsque le siége de ces tribunaux n'était pas dans le lieu ou la perpétration du crime s'était accomplie.

=La nouvelle législation a donné les sources anciennes à la règle de compétence de juge, mais la nouvelle constitution civile a fondé en même temps l'égalité des citoyens devant la loi.

Notre société moderne repose sur le principe de raison et d'équité; par conséquent, le droit intermédiaire et le droit nouveau resserrés dans des limites étroites ont dû apporter de rares exceptions au droit commun de la compétence du juge criminel.

Dans certains cas que nous déterminerons bientôt, la nature du délit est encore une exception au droit de la compétence du juge.

La qualité de certains fonctionnaires publics a remplacé, mais seulement dans un but de haute convenance, l'ancien privilége attaché à la dignité honorifique de la personne; par exemple, les officiers de judicature ne sont pas justiciables du juge du lieu, pour les crimes et délits commis dans le ressort du tribunal dont ils font partie. Ils sont jugés par la cour royale. (Art. 479 du Code d'inst. crim.)

Cette exception ne s'étend pas d'une manière si complète vis-à-vis des juges du commerce et des officiers de police auxiliaire. Il faut, pour que ces fonctionnaires soient justiciables des cours royales, qu'ils aient commis un délit dans l'exercice de leurs fonctions (art. 483); c'est pourquoi, les dispositions de l'article 479 ne sont applicables dans ce cas, que lorsque, par exemple, un maire ou tout autre officier de police constatant un délit, s'est livré à des violences ou à tout autre acte emportant des peines correctionnelles.

Un troisième exemple d'exception au droit commun de la compétence du juge criminel du lieu résulte de l'article 10 de la loi du 20 avril 1810, qui rend applicable l'article 479 du Code d'instruction criminelle aux généraux commandant une division ou un département, aux archevêques, aux évêques, aux présidents de consistoire, aux membres de la cour de cassation, de la cour des comptes, des cours royales, et aux préfets.

Le décret du 15 novembre 1811 a créé le même privilége en faveur de l'Université; mais l'article 160 n'en fait pas une règle impérative.

⸺ Cependant deux cas de privilége de juridiction criminelle ordinaire attaché à la dignité honorifique de la personne du citoyen, sont écrits dans nos lois. Le premier résulte de l'article 10 de la même loi du 20 avril 1810 qui a changé la compétence du juge criminel du lieu, en faveur des grands officiers de la Légion d'honneur soumis à la juridiction des cours royales.

Le second est encore plus large, puisqu'il a créé une juridiction exceptionnelle. Cette dernière exception au droit criminel commun résulte du second alinéa de l'article 29 de la Charte constitutionnelle; le pair de France, *en matière criminelle*, ne peut être jugé que par ses pairs.

Ce principe de l'ancienne constitution absolue en toute matière en faveur des membres de ce corps de l'État, a été limité par l'acte constitutionnel aux circonstances qui peuvent compromettre gravement la dignité d'un membre de la Chambre des pairs.

La règle législative d'une juridiction égale pour tous a dû fléchir devant des considérations politiques de l'ordre le plus élevé. Les priviléges abusifs blessent légitimement la dignité sociale et l'intérêt public;

mais la force gouvernementale naît, au contraire, des **corps** politiques sagement gradués dans leur puissance et priviléges, lorsqu'ils sont appropriés à la forme du gouvernement qui convient au pays.

=Dans nos Codes nouveaux, l'échelle pénale est devenue principe attributif, ordinaire et commun, de juridiction criminelle. Cette règle de compétence est facile à saisir, c'est une voie prompte et utile à suivre pour éviter un conflit de juridiction qui devient toujours un incident préjudiciable en arrêtant le cours de la justice. Cet inconvénient a surtout de la gravité pour la juridiction criminelle, qui a besoin d'une marche assurée et rapide.

Si l'on comprend, comme nous l'avons démontré, que l'unité de mesure appliquée aux actions de l'homme a pu permettre aux législateurs de nos Codes de former des catégories nombreuses de faits qualifiés crimes ou délits, on comprendra également que le degré de la faute ait pu se mesurer au degré de la peine, et prendre place utilement et graduellement dans telle catégorie pénale qui marque telle compétence criminelle.

C'est sous l'empire de cette règle que furent écrites les dispositions de l'article 150 du Code des délits et des peines de l'an IV.

Cet article porte : « La justice pour la répression des délits est administrée :

1º Par les tribunaux de police, relativement aux délits, dont la peine n'est portée par la loi ni au-dessus de trois journées de travail, ni au delà de trois jours d'emprisonnement.

2º Par les tribunaux correctionnels, relativement

aux délits dont la peine excède ou trois journées de travail ou trois jours d'emprisonnement, et n'est néanmoins ni afflictive ni infamante;

3° Par les directions du jury d'accusation et les tribunaux criminels, relativement aux délits qui emportent peine afflictive ou infamante. »

Le même principe attributif de juridiction résulte des dispositions des articles 139, 166, 179 et 231 du Code d'instruction criminelle.

=La constitution de 1791 déterminait cependant, dans les articles 18 et 23, deux circonstances dans lesquelles la nature du délit était attributive de juridiction (1).

Les lois qui nous régissent ont adopté les mêmes principes d'exception à la règle ordinaire de compétence dans les cas analogues, et prévus par la constitution de 1791 et par les constitutions qui la suivirent.

La connaissance de tous les délits commis soit par la voie de la presse, soit par tous les moyens de publication énoncés en l'article 1er de la loi du 17 mai 1819, est attribuée aux cours d'assises (loi du 8 octobre 1830). La connaissance des délits politiques leur est également attribuée par la même loi ; enfin les crimes de haute trahison et des attentats à la sûreté

---

(1) Art. 18. Nul ne peut être jugé, soit par la voie civile, soit par la voie criminelle, pour fait d'écrits imprimés ou publiés, sans qu'il ait été reconnu et déclaré par un jury, 1° s'il y a délit dans l'écrit dénoncé ; 2° si la personne poursuivie est coupable.

Art. 23. Une haute cour nationale, formée des membres du tribunal de cassation et de hauts jurés, connaîtra des délits des ministres et agents principaux du pouvoir exécutif, et des crimes qui attaqueront la sûreté générale de l'État, lorsque le corps législatif aura rendu un décret d'accusation. — Elle ne se rassemblera que sur la proclamation du corps législatif, et à une distance de trente mille toises au moins du lieu où la législature tiendra ses séances.

de l'État sont déférés, par l'article 28 de la Charte, à la chambre des pairs.

=L'étude de la législation intermédiaire démontre combien le législateur de cette époque attachait d'importance au principe constitutionnel et salutaire de la séparation des pouvoirs. La séparation du pouvoir législatif et du pouvoir judiciaire est toujours marquée, même dans les exceptions apportées à la règle de compétence ordinaire, par la nature du crime.

Sous la constitution de 1791, le corps législatif, en vertu de l'article 1er du chapitre III, décrétait d'accusation pour les crimes qui attaquaient la sûreté de l'État ou qui concernait la personne des agents principaux du pouvoir exécutif, et renvoyait le jugement à la haute cour nationale.

Sous la constitution de l'an III, le corps législatif avait le même pouvoir, et renvoyait le jugement à la haute cour de justice.

Les mêmes principes servaient de règle à la constitution consulaire du 22 frimaire an VIII; et enfin le sénatus-consulte organique de l'empire du 18 mai 1804 n'altéra pas profondément le principe par la création d'une haute cour impériale, dont le siége fut placé au sénat conservateur et qui fut compétente pour connaître de ce genre de crime.

La mission principale de la confection des lois n'appartenait pas au sénat. Ce corps politique était principalement préposé à la garde de la constitution du pays; mais ces hauts dignitaires, pourvus de dotations, servirent quelquefois, au détriment des libertés publiques et individuelles, les allures décisives du chef de l'État.

La charte de 1814 déféra à la chambre des pairs la connaissance des crimes de haute trahison (1) et des attentats à la sûreté de l'État ; l'article 33 de cet acte constitutionnel a été textuellement répété dans la Charte de 1830 (art. 28). C'est un point de droit constitutionnel résolu par la Charte, et qu'il n'est plus permis par conséquent de mettre en discussion.

Notre législation ordinaire contient un second exemple de transgression du principe qui avait été maintenu par la législation intermédiaire. La loi du 25 mai 1822 permet aux chambres de traduire à leur barre tout prévenu d'offense envers elles et de *le condamner aux peines portées par les lois.*

La discussion est possible et sans danger sur ce terrain, et à notre avis les précédents législatifs sont préférables à ce pouvoir judiciaire accordé aux chambres ; la loi maintiendrait intégralement un principe constitutionnel de premier ordre, et elle ne ferait rien perdre à la dignité des chambres en leur accordant seulement le droit de décréter d'accusation et en chargeant, par exemple, la section criminelle de la cour de cassation de l'application de la peine.

Cette exception de judicature, dans un cas unique et tout particulier, n'aurait d'autre inconvénient que l'extension des attributions d'une des sections de la cour suprême.

==Dans toutes les législations criminelles régulièrement établies, le droit d'appel a été consacré. Ce bénéfice, pour arriver à la réforme d'une première sentence, n'a cependant jamais été étendu à tous les cas.

(1) Art. 55, Charte de 1814 ; art. 47, Charte de 1830.

L'ancienne législation avait ses exceptions, ainsi que la législation intermédiaire et nouvelle. Les cas prévôtaux étaient jugés en dernier ressort. Ces crimes correspondaient en général à la nature de ceux que les lois nouvelles ont attribués aux cours d'assises qui décident en dernier ressort.

Les cas royaux, tels par exemple que les crimes de lèse-majesté humaine au premier et au second chef, étaient déférés au parlement. Les arrêts de cette haute cour de justice étaient définitifs. Le même privilége fut conféré aux décisions des hautes juridictions établies par les lois intermédiaires ; et sous l'empire de notre législation, les arrêts de la chambre des pairs et de la chambre des députés sont également en dernier ressort.

Les criminalistes anciens fondaient le droit d'appel sur le droit naturel et sur des motifs qu'on ne doit pas admettre dans une pensée philosophique éclairée. « L'appel en général est une voie de droit établie pour garantir contre l'impéritie ou l'*iniquité* des premiers juges. Mais si cette voie fut favorable, on peut dire que c'est surtout en matière criminelle, comme étant fondée sur le droit naturel, en ce qu'elle sert à la défense de la vie, de l'honneur et des biens d'un accusé ; et c'est dans ce sens qu'on peut définir l'appel, une ressource ouverte à l'innocent pour faire réformer, par le juge supérieur, les condamnations injustes qui ont été prononcées contre lui par le juge inférieur (1). »

Nous ne pensons pas que le droit naturel soit la

_____

(1) Muyart de Vouglans, *Inst. au droit crim.*, p. 262.

source véritable du droit d'appel. S'il en était ainsi, les exceptions et les limites portées à ce droit ne seraient pas admissibles, car elles porteraient atteinte aux principes d'un droit qui devrait être inviolable en matière criminelle.

Le droit d'appel a pris principalement naissance dans les institutions sociales, et toutes les législations criminelles perfectionnées par le temps ont dû admettre ce principe fondé sur la pensée louable d'offrir à la bonne justice une garantie de plus, non pour réformer une condamnation injuste, ce qui ne peut se présumer légalement, mais pour réformer une erreur possible dans un premier jugement.

Dans l'ancienne législation, le jugement par appel était rendu sur le rapport d'un juge. Le Code d'instruction criminelle a conservé le même mode de procéder pour les appels interjetés des jugements correctionnels. Cela résulte des articles 209 et 210.

L'économie de ce dernier article dont les termes n'indiquent évidemment, comme mode de procéder, que les dispositions du second paragraphe de l'article 190, c'est-à-dire l'interrogatoire du prévenu, ses défenses et les conclusions du procureur du roi, écarte l'audition des témoins, le seul élément d'instruction qui peut avec confiance éclairer la religion du juge.

Nous savons que la jurisprudence et l'opinion des auteurs ont voulu combler cette lacune législative, et prêter de l'extension à l'article 210 ; mais dans la pratique, l'usage, trop souvent d'accord avec les termes de la loi, fait négliger l'audition des témoins devant le tribunal d'appel, et le juge prononce sur les simples notes tenues par le greffier du tribunal de première instance.

Ce mode imparfait d'instruction pour arriver à la réforme d'une première sentence a des dangers évidents. L'économie des frais ou du temps n'est pas une suffisante compensation d'une erreur judiciaire qu'il est permis de craindre.

§ VI.

Plainte. — Accusation. — Dénonciation. — Officiers de police criminelle.

= Les criminalistes anciens donnaient une définition particulière aux mots *plainte, dénonciation,
accusation*.

« La plainte est une déclaration publique qu'on
fait à un juge ou à un commissaire de quelque offense.

» La dénonciation est une déclaration secrète qu'on
fait d'un crime commis, à un procureur du roi, etc

» L'accusation est l'imputation qu'on fait à quel-
qu'un d'un certain crime (1). »

= L'article 1er, chapitre III, de l'ordonnance de

(1) Roussaud de la Combe, *Mat, crim.*, p. 100,

1670, portait que la plainte pouvait se faire par requête ; cette requête était adressée au lieutenant criminel, et pour donner une idée exacte de l'ancienne marche pratique de la procédure criminelle, nous croyons sans hors d'à-propos pouvoir reproduire quelques formules du style universel, par Gauret, secrétaire de M. le Camus, lieutenant civil.

Cet ancien formulaire, imprimé en 1703, nous paraît écrit avec toute la simplicité du langage des vieux praticiens, et en transcrivant ces modèles de style, nous reproduisons quelques exemples du caractère formuliste des mœurs judiciaires de l'époque.

REQUESTE CONTENANT LA PLAINTE.

A Monsieur le Lieutenant Criminel.

Supplie humblement A... disant que le... jour de... revenant de la ville de... en celle de... estant au village de... environ l'heure de... il rencontra B... qui sortoit à cheval de l'hostellerie qui a pour enseigne... suivi de C... son valet de chambre, aussi à cheval, lequel demanda au suppliant, s'il vouloit bien aller de compagnie avec luy ; à quoy il répondit qu'il auroit beaucoup de joye d'avoir cet honneur, et marchèrent ensemble jusqu'au lieu de... où le suppliant s'arresta, ne voulant pas continuer son chemin, de peur d'estre insulté par B... qui est d'un naturel violent et dont le visage paroissoit ému. A l'instant B.... a dit au suppliant de mettre pied à terre ; ce que n'ayant pas voulu faire, il a frappé de coups de baston sur les bras et sur la teste, avec tant de force, que le suppliant en a esté renversé sur la croupe de son cheval, qui s'est emporté, et l'a jetté à terre d'où ne pouvant se relever, B... s'est approché de luy l'épée à la main, dont il lui a porté deux coups, l'un dans le bras gauche, et l'autre sur la teste, et sans le secours de quelques païsans qui sont survenus, B.... l'auroit tué quoyqu'il ne luy ait jamais donné sujet d'en venir à une telle extremité. Ce considéré, monsieur, il vous plaise donner acte au suppliant de la plainte cy-dessus, et lui permettre de faire informer des faits contenus

en la presente requeste, circonstances et dependances, pour l'information faite et rapportée estre ordonné ce qu'il appartiendra, et vous ferez
bien. »

ORDONNANCE PORTANT PERMISSION D'INFORMER
DE LA PLAINTE.

Veu la presente requeste, nous avons donné acte au suppliant de sa
plainte, et permis à luy de faire informer pardevant nous des faits
contenus en icelle, circonstances et dépendances; pour ce fait et l'information communiquée au procureur du roy, estre ordonné ce qu'il
appartiendra.

Si le plaignant demandait qu'il lui fût permis d'obtenir monitoire, l'ordonnance en faisait mention.

=Le monitoire était un avertissement public donné
à l'église par les ecclésiastiques, lorsqu'il ne se trou-
vait pas des témoins pour déposer dans les matières
criminelles.

MONITOIRE.

Officialis parisiensis, omnibus parochis nobis subditis eorumve
vicariis, salutem in Domino.

Veu le jugement rendu par le sieur lieutenant-criminel en la sénéchaussée de... le... sur la requeste de A... plaignant à Dieu et à nostre
mere sainte Eglise. Nous vous mandons d'admonester par trois diman-
ches consecutifs es prosnes de vos eglises, tous ceux et celles qui ont con-
noissance que le jour de... certains quidans ou quidannes ont rompu la
porte du cabinet de A... pris et emporté des papiers, or et argent monnoyé,
plusieurs pierreries d'un prix considérable et autres choses qui estoient
dans ledit cabinet..... qui sçavent et connoissent les auteurs et complices, fauteurs et adhérans des dits quidans ou quidannes et où ils se
sont refugiez, et généralement tous ceux et celles qui des faits cy-dessus, circonstances et dépendances en ont vû, sçû, connu, entendu, ouï
dire, ou apperçu aucune chose, ou y ont esté presens, consenti, donné
conseil ou aide en quelque sorte et maniere que ce soit, d'en venir à
révélation, et les dits quidans ou quidannes à satisfaction par eux, ou
par autrui, dans trois jours après la publication des presentes. Si non

nous userons contre eux des censures ecclésiastiques, et selon la forme du droit, nous nous servirons de la peine d'*excommunication*.

Datum sub sigillo curiæ nostræ, anno Domini, etc.

La requête n'avait de date que du jour où le juge y avait répondu. En l'absence du juge, l'ordonnance de 1670 conférait le droit au plus ancien praticien du lieu, de répondre à la requête qui lui était présentée.

La manière de procéder par requête n'interdissait pas celle de faire écrire la plainte par le greffier en présence du juge; les faits étaient dans ce cas constatés par un procès-verbal.

Ainsi, le juge requis devait sur-le-champ dresser les procès-verbaux des délits qui lui étaient dénoncés. Ce procès-verbal était communiqué au procureur du roi, qui donnait ses conclusions, tendant à informer s'il y avait lieu.

CONCLUSIONS DU PROCUREUR DU ROI.

= Veu le present procès-verbal, je requiers pour le roy qu'il soit informé à ma requeste des faits y contenus, circonstances et dependances, pour ce fait et à moy communiqué, requerir ce qu'il appartiendra par raison. Fait, etc.

La dénonciation qui était faite au procureur du roi devait être circonstanciée et signée *sur son registre* par les dénonciateurs. S'ils ne savaient pas signer, la dénonciation était écrite en leur présence, par le greffier du siége qui faisait mention qu'ils ne savaient pas signer.

Le procureur du roi ou le procureur du seigneur se conformait aux règles de procédure précédemment tracées en présentant au juge une requête pour avoir permission d'informer.

Le juge avait le droit de requérir toutes les mesures d'instruction que lui commandait la preuve du délit qui lui était dénoncé. Ces différents modes de procéder que nos lois nouvelles ont admis presque en tous points, quoique la réquisition soit aujourd'hui plus spécialement attachée aux attributions du procureur du roi, furent entourées d'une garantie surabondante et dangereuse par le décret des 8 et 9 octobre 1789.

=L'esprit public à cette époque s'exagérait le sentiment des libertés publiques et individuelles, que la nation était en voie de conquérir; et l'assemblée nationale procédait aux réformes législatives par des considérants des droits de l'homme pompeusement définis. A la suite d'un considérant de ce genre, les articles i et ii du décret des 8 et 9 octobre 1789 prescrivaient aux municipalités de nommer des *notables* pour assister, sous le titre d'*adjoints*, à l'instruction des procès criminels.

L'article iii portait qu'aucune plainte ne pourrait être présentée au juge qu'en présence *de deux adjoints* amenés par le plaignant, et par lui pris à son choix.

= Le législateur ne pouvait rester longtemps sous l'influence d'un sentiment exagéré, outre mesure, pour la liberté individuelle, et si pernicieux au bien public ; ainsi le système d'instruction criminelle changea avec la loi du 19 septembre 1791.

Cette loi investit les juges de paix de chaque canton des fonctions de la justice de sûreté; elle fit concourir à cette œuvre d'ordre public, les capitaines et les lieu-

tenants de la gendarmerie nationale. Ces offic
justice furent chargés de recevoir la plainte
particulier lésé par un crime ou un délit.

=Le Code du 3 brumaire an iv diminua le r
des officiers de police devant lesquels les plain
vaient être portées ; les juges de paix seuls
chargés par les dispositions de ce Code de rece
plaintes et les dénonciations, qui se classèrent
catégories sous les dénominations : 1° de plaint
dénonciation officielle ; 3° de dénonciation civ

La plainte était la dénonciation de tout
lésé par un délit.

La dénonciation officielle était celle qui é
de toute autorité constituée, de tout fonctionn
officier public qui, dans l'exercice de ses fo
acquérait la connaissance, ou recevait la déno
d'un délit qu'il avait le droit de constater par
verbaux.

La dénonciation civique était un devoir i
tout citoyen de donner de suite avis au juge
d'un attentat dont il avait été témoin contre l
publique, la liberté, la vie ou la propriété d'v
citoyen.

Sous l'empire de la législation criminelle q
régit, ces définitions sont encore exactes, e
juste application à la matière.

= Les juges de paix, par les dispositions
du 3 brumaire an iv, furent de plus chargés
parer et d'instruire les affaires criminelles. Ce
puissance qui leur était conférée dans la p
pays fut bientôt jugée défectueuse ; elle n'of
des garanties suffisantes de sécurité.

La loi du 7 pluviôse an ix chargea du soin d'instruire les affaires criminelles, le directeur du **jury** près le tribunal criminel.

Nous avons eu occasion, dans le premier chapitre, de rappeler qu'en même temps, cette loi introduisit l'action salutaire du ministère public dans la poursuite des affaires criminelles, et le magistrat de sûreté fut spécialement chargé des poursuites de cette nature. Il fut également prescrit que tous les actes de procédure et d'instruction qui seraient faits par le directeur du jury, devaient être communiqués au substitut du commissaire près le tribunal criminel, ou magistrat de sûreté.

Cette prescription de la loi du 7 pluviôse an ix comblait à propos une lacune qui existait dans les lois transitoires de 1791 et de l'an iv. L'absence du ministère public dans les actes préparatoires de l'instruction s'écartait évidemment de l'essence même de cette institution d'action répressive que le législateur nouveau avait cependant classée dans son institution judiciaire, comme un auxiliaire puissant pour arriver à une bonne justice distributive.

=La législation criminelle était dans les conditions que nous venons d'établir, lorsque le gouvernement de l'an xiii (1805) conçut le projet d'une refonte générale des lois criminelles sur la présentation qui lui fut faite par le tribunal de cassation d'un nouveau Code criminel.

Ce monument historique d'étude législative présente de l'intérêt. Nous nous écarterons un instant de la matière principale qui nous occupe, pour en rappeler la conception et le plan.

Ce projet de Code comprenait mille soixante-neuf articles. Son titre était celui de Code criminel, correctionnel et de police. Il était divisé en deux parties principales intitulées : l'une, des délits et des peines, l'autre, police et justice.

Tout en conservant le nombre des tribunaux criminels, le projet en changeait le personnel. Il introduisait dans nos mœurs judiciaires une nouveauté qui avait sa source dans l'administration de la justice de l'Angleterre, qu'on a quelquefois préconisée en France.

Un grand juge sous le nom de *préteur*, assisté d'un *pro-préteur* qui n'avait que voix consultative, devait présider aux jugements criminels.

La compétence de sa juridiction était classée par division de départements, et chaque année le préteur devait changer de division.

Les grands jours ne devaient pas se tenir comme condition expresse, par trimestre dans chaque département, seulement le nombre des affaires criminelles de cette époque donnait à croire que l'expédition des affaires nécessitait par trimestre, dans chaque lieu judiciaire, la tenue des assises. L'omnipotence judiciaire du préteur pouvait d'ailleurs en retarder la réunion en ordonnant un plus ample informé dans l'instruction. Sa puissance judiciaire s'étendait jusqu'à suspendre le jugement, et à renvoyer à d'autres assises, s'il lui avait paru que le jury s'était trompé.

Le préteur connaissait aussi des appels correctionnels. Sa haute magistrature était de rigueur au grand criminel; mais le pro-préteur assisté de deux suppléants pouvait présider au jugement des appels correctionnels.

Le pro-préteur était le magistrat destiné à l'instruction des affaires criminelles. Son siége au jugement où il devait assister, s'effaçait complétement à côté de celui du préteur dont la voix prépondérante le rendait seul juge du tribunal qu'il présidait.

Ce plan de réforme, dans l'administration de la justice, fut soumis aux méditations des tribunaux criminels.

Nous trouvons dans les cahiers qui ont été imprimés en l'an XIII, et réunis en six volumes, le nombre de soixante-quatorze tribunaux criminels, qui répondirent par leurs observations à la demande qui leur était faite par le citoyen Regnier, grand juge, ministre de la justice.

Au milieu des observations plus ou moins utiles et judicieuses qui sont contenues dans ce monument d'examen législatif par les tribunaux criminels, on trouve un accord presque unanime pour repousser l'établissement d'une préture en France.

La magistrature s'alarma vivement, dans l'intérêt public, de la puissance que conférait le projet au jugement d'un seul homme; de plus, la sphère judiciaire du préteur lui paraissait trop au-dessus de la magistrature ordinaire, pour ne pas nuire à la considération des autres magistrats.

« Le préteur est si grand dans la loi proposée, disait le tribunal de l'Allier, qu'il efface tout. Ses coopérateurs au grand œuvre de la justice ne figurent là que pour supporter le fardeau du travail, et l'humiliation d'une subordination trop prononcée.»

Plusieurs autres considérations en dehors des fonctions prétorales furent énergiquement exposées. L'ambulance du juge rencontra de nombreux adversaires. La permanence du siége du juge est un point majeur pour la bonne administration de la justice. Le sacerdoce judiciaire perdrait sa puissance morale, s'il ne puisait son autorité de tous les instants dans l'inamovibilité qui couvre chacun de ses membres. La science de judicature s'affaiblirait nécessairement par les établissements juridiques, périodiques, qui détruiraient les éléments successifs et traditionnels d'une pensée judiciaire toujours utilement permanente chez l'homme préposé au jugement des intérêts sociaux et individuels. L'utilité de la permanence du juge, considérée sous un autre rapport, présente des avantages non moins sérieux, et qui réagissent moralement et avec efficacité dans l'action de la justice. Car le juge étant connu de ses justiciables, imprime à son jugement un cachet de confiance d'autant plus grand que l'indépendance de son caractère et la moralité de sa vie sont plus appréciées du public qui l'entoure.

═ Le projet du gouvernement maintenait l'institution du jury avec l'organisation que cette institution avait reçue par les lois de 1791 et de l'an iv. Le projet admettait deux garanties nouvelles, il fallait payer un cens pour être porté sur la liste du jury et savoir *lire et écrire*.

L'établissement du jury en France à cette époque avait déjà douze ans de date, et un grand nombre de tribunaux criminels critiquaient amèrement cette institution.

« Qui le croirait? disait avec douleur un tribunal, on a vu des jurés demander à l'accusé d'être récusés.»

Cette critique d'une institution nouvellement établie était hasardée et précoce. Le jugement des avantages et des inconvénients de cette institution civique était subordonné sagement au temps et à une plus longue expérience; aussi l'opinion opposée à l'institution du jury ne prévalut pas, et la confiance du législateur de 1808 rejeta l'opinion émise, que le jury ne pouvait convenir à la France et à son caractère national.

Le temps a-t-il complétement répondu à la confiance du législateur? les esprits sceptiques pourraient se croire en droit de soutenir qu'une nouvelle expérience de quarante années n'a fait que confirmer les prévisions des hommes opposés à l'institution du jury en France, par la raison qu'un grand nombre d'objections faites en 1805, pourraient aujourd'hui servir d'argument contre cette institution.

Ce n'est pas ainsi cependant qu'une institution législative doit être considérée. Les imperfections individuelles se rencontreront toujours nombreuses dans une institution, lorsque cette institution fonctionnera avec des éléments nombreux.

Le jury présente ce caractère; il se constitue périodiquement aux dépens d'une partie nombreuse du corps social, et les inconvénients signalés dès l'origine de son établissement, et qui sont cités de nos jours, prennent indubitablement leur source dans le roulement étendu des personnes juridiques de cette institution.

De cela seulement, cet enseignement ressort, qu'il importe de conférer avec la plus grande réserve les pouvoirs de judicature. L'organe de la justice n'est pas un attribut que tout homme possède. Le sens moral judiciaire a besoin de s'expérimenter avec les règles et les doctrines qui lui sont propres, et celui qui n'arrive qu'accidentellement sur le siége du juge soumet son esprit avec peine, à l'audience, à l'attention soutenue et à l'opération intellectuelle et restrictive du bon droit interprété, et de la bonne justice rendue. C'est un travail pénible pour la conscience de l'homme qui n'a pas l'habitude de ce métier de haute moralité.

La justesse de cette proposition nous semble ressortir des attributs simples du juré, car ce juge accidentel éprouve souvent des embarras dans l'appréciation d'un simple fait soumis à son jugement.

= Notre dernière législation est venue en aide au for intérieur du juré. Les circonstances atténuantes sont un appui utile à la force morale du juge, et nous ne partageons pas les craintes de quelques publicistes pour les résultats de cette amélioration législative étendue à toutes les dispositions du Code pénal.

La certitude d'un plus grand nombre de condamnations doit compenser amplement l'admission quelquefois abusive des circonstances atténuantes qui peuvent naître du système admis en 1832. La répression, quoique minime, satisfait au moins le but moral de la loi pénale, et l'acquittement complet du coupable, au contraire, en viole toutes les règles. Ce verdict funeste est rare maintenant; il est presque

impossible, par la raison que le tempérament des circonstances atténuantes est un terme moyen sagement
et utilement placé entre la rigueur des peines et les
sentiments d'humanité naturels à l'homme.

Au chapitre suivant, nous verrons que le Code
d'instruction criminelle de 1808 élargit le cadre des
officiers de justice dans une proportion que justifient
les besoins d'une bonne police judiciaire.

§ VII.

Police judiciaire.
Mandats de comparution, — d'amener, — d'arrêt, — de dépôt. —
Citation directe devant le tribunal,
à la requête du ministère public ou à celle de la partie civile.

Dans tous les temps, la police du pays a été l'objet de la sollicitude du législateur. Le mal inhérent à l'agrégation des hommes a toujours légitimé le choix d'agents préposés à la surveillance du bon ordre et à la défense légitime des intérêts individuels.

Notre société moderne a placé cette institution sous un double point de vue.

L'ancien droit ne précisait pas d'une manière si nette que le nouveau droit, les nuances séparatives de la police administrative et de la police judiciaire. Il fallait en rechercher la différence dans les attributions des officiers publics.

Le droit intermédiaire en a posé les préceptes **et** les règles, et ces préceptes et ces règles sont aujour-d'hui la base du droit qui nous régit.

« La police administrative a pour objet le main-tien habituel de l'ordre public. Dans chaque lieu et dans chaque partie de l'administration générale, **elle** tend principalement à prévenir les délits.»

« La police judiciaire recherche les délits que la police administrative n'a pu empêcher de commettre, en rassemble les preuves, et en livre les auteurs aux tribunaux chargés, par la loi, de les punir.» (Loi du 3 brumaire an iv.)

Les termes de la loi marquent clairement les attri-butions de la police administrative et de la police judiciaire, et de ces règles séparatives des pouvoirs, il en est résulté la conséquence de l'établissement de plusieurs ordres de fonctionnaires publics qui ont mission de surveiller et de maintenir le bon ordre.

═ Nous n'avons maintenant à nous occuper que de la police judiciaire. Nous aurons l'occasion, dans les chapitres suivants, de rappeler les dispositions de la loi du 3 brumaire an iv, et de poser les règles qui ré-gissent l'action de la police administrative.

Dans l'ancienne législation, la police judiciaire procédait sous l'autorité de deux intérêts qui avaient pour appui deux sources différentes. Il n'y avait pas unité territoriale, par conséquent il n'existait pas unité d'action judiciaire dans la personne des agents.

L'action judiciaire criminelle s'exerçait concur-remment avec le procureur du roi, les procureurs fis-caux, ou procureurs des seigneurs, et les procureurs des officialités et des autres juridictions ecclésiasti-

ques. La police de Paris avait un supplément d'officiers de justice. Un lieutenant de police, et sous ses
ordres des commissaires de police, veillaient au repos
et à la salubrité de cette grande cité. Ces officiers
avaient également le pouvoir d'agir comme officiers
de justice.

=La législation de 1789 modifia cet ordre de chose,
mais seulement dans la forme de l'action accordée
aux officiers de justice. Le décret du 3 novembre
1789 abolit les justices seigneuriales; néanmoins,
il ordonna que les officiers de ces justices conti-
nueraient leurs fonctions jusqu'à ce qu'il ait été
pourvu par l'assemblée nationale à l'établissement
d'un nouvel ordre judiciaire.

L'ordre judiciaire criminel ne prit une base fixe et
déterminée que par la loi organique du 16 septembre 1791. Le respect des droits individuels de l'homme
commandait à cette époque à toutes les dispositions
législatives. Cette idée absorptive laissait imprudem-
ment à découvert les intérêts généraux non moins
précieux.

Dans la pensée du législateur de 1791, un des
moyens d'assurer la liberté individuelle consista à
n'accorder qu'à un très-petit nombre d'officiers publics
le droit de surveiller la police qu'il qualifia de *sûreté*.

Les juges de paix de chaque canton furent chargés
seuls, et en première ligne, de la police de sûreté,
et la loi leur adjoignit les capitaines et lieutenants de
gendarmerie, avec cette réserve, que si ces derniers
résidaient dans une ville où il y aurait plus d'un juge
de paix, leurs pouvoirs seraient alors restreints aux
fonctions attribuées à l'arme de la gendarmerie.

Bientôt ce mode présumé tutélaire et conservateur de la liberté fut suivi d'un mode tout contraire. On comprima les libertés individuelles pour sauver les libertés publiques, et les comités révolutionnaires furent le réseau qui couvrit la France entière d'agents de surveillance. Étrange contradiction! il est permis d'en conclure que la vérité n'est pas dans l'application générale d'un principe gouvernemental absolu.

Le Code du 3 brumaire an iv fut moins parcimonieux que la loi de 1791. Il augmenta le nombre des officiers de police, et cette première base a servi de règle au Code d'instruction criminelle de 1808.

═ Les articles 9 et 10 de ce Code énumèrent les agents judiciaires criminels, et l'action de la police judiciaire est soumise à une nouvelle garantie; elle s'exerce sous l'autorité des cours royales.

Les officiers de police judiciaire sont classés par chapitres : ce sont les préfets des départements, le préfet de police de Paris, les maires, les adjoints, les commissaires de police, les gardes champêtres et forestiers, les procureurs du roi et leurs substituts, les juges de paix, les officiers de la gendarmerie, et les juges d'instruction.

Cette nomenclature d'officiers de police judiciaire est sagement combinée ; chaque lieu est convenablement placé sous la protection de l'action de la police répressive dont l'efficacité est d'autant plus grande qu'elle est plus prompte et mieux assurée; cependant on ne doit pas écarter le vrai que contient la pensée restrictive du législateur de 1791, et il y aurait en effet danger sérieux dans l'exercice des pouvoirs répressifs judiciaires s'ils étaient accordés à un trop grand nombre de personnes. C'est ainsi que ce point législatif a été toujours considéré par nos assemblées modernes, toutes les fois qu'il a été question d'agrandir le cercle des officiers de police judiciaire (1).

Nous avons soutenu cette thèse en 1840 dans le journal de Riom, *la Presse judiciaire;* et dans l'examen que nous fîmes alors de la loi du 21 mai 1831, sur l'organisation municipale, nous établîmes que c'était sans droit que les membres du conseil municipal étaient appelés à remplacer, en qualité d'officiers de police judiciaire, les maires et les adjoints. Nous considérâmes que l'article 5 de la loi de 1831 n'avait pu donner le caractère d'officiers auxiliaires de police judiciaire aux simples membres municipaux par ce motif que cette loi n'avait eu pour but que l'ordre administratif, et que par conséquent elle n'avait pu ni voulu ajouter au Code d'instruction criminelle. La dévolution des pouvoirs du titulaire

---

(1) Gend. de l'ouest. Loi du 24 février 1834. La chambre des députés s'était relâchée de ses précédents. Elle avait conféré, par amendement, dans le dernier projet de réforme du Code d'inst. la qualité d'officiers de police judiciaire aux maréchaux des logis et aux brigadiers de la gendarmerie. L'ordre hiérarchique, dans la gendarmerie comme dans toute autre administration, indique à la suppléance ou à l'intérim le grade immédiatement inférieur. C'est ce qui résulte d'ailleurs de l'art. 178 de l'ordonnance du 29 octobre 1820. Il est cependant admis que le caractère d'officiers de police judiciaire n'appartient pas aux maréchaux des logis et aux brigadiers pendant leur intérim. Nous ne voyons pas par quelle raison cette décision ne serait pas logiquement applicable à toute autre suppléance. Si le législateur l'eût entendu différemment, il se serait dispensé de nommer dans l'art. 9 du Code d'inst. les substituts du procureur du roi et les adjoints des maires. *De uno dicit, de altero negat.* Un dernier argument résulte de l'art. 167 du Code d'inst. crim., qui porte qu'en cas d'empêchement de l'adjoint, le procureur du roi désignera, pour une année entière, un membre du conseil municipal pour remplir les fonctions du ministère public auprès du tribunal de police.

à la personne qui doit le remplacer, ne peut s'entendre que des pouvoirs dans l'ordre des fonctions spécialement prévues par la loi qui a créé la suppléance
à ces fonctions. Ainsi, malgré l'application journalière du principe opposé dans la pratique, et à l'en-
contre de l'opinion des écrivains criminalistes qui
professent la doctrine contraire (V. *Manuel de police judic.*, par M. *Ch. Berriat Saint-Prix*, p. 7; et
Le Graverend, édit. de 1830, 1ᵉʳ vol., p. 164, note 4),
nous maintenons notre interprétation première en
refusant au conseiller de préfecture et au membre du conseil municipal le caractère d'officier de
police judiciaire, *toujours permanent, et jamais accidentel*. Cette conclusion est conforme à la matière, et
elle rentre dans la sage économie de notre législation
criminelle, que nous voulons justifier dans la revue
qui nous occupe. Elle satisfait à un ordre d'idées de
notre époque puissamment senties; car les actes arbi-
traires sont d'autant moins à craindre que les armes
de la puissance publique sont placées dans des mains
moins nombreuses. Notre conclusion nous conduit
également à refuser au suppléant du juge de paix le
caractère d'officier de police judiciaire. Le seul pouvoir qui lui appartient est indiqué par les articles 16
et 98 du Code d'instruction criminelle.

En cette matière, on fait route moins commode,
mais jamais fausse, en se renfermant dans les termes
rigoureux de la loi, et c'est à tort, selon nous, qu'on ob-
jecterait que le principe ainsi restreint peut diminuer
les moyens de surveillance, d'ordre public; au contraire, nous avons la confiance que ces moyens seront
d'autant plus efficaces, qu'ils seront mieux compris

par les fonctionnaires qui en restent seuls responsables.

= L'ordonnance de 1670 réduisait au nombre de trois les mandats de justice ; elle leur donnait la dénomination d'*assignation pour être ouï*, de *décret d'ajournement personnel*, et de *décret de prise de corps*.

= La lettre de cachet n'était pas un mandat de justice : c'était un ordre d'exil on d'arrestation qui émanait du roi, et qui était contresigné par un secrétaire d'état. Le contre-seing ministériel était une responsabilité apparente, mais qui se réduisait, en réalité, à un simple objet de forme. Cette arme, dangereuse dans les mains du pouvoir, fut abolie par la loi du 16 mars 1790.

=La délivrance des mandats de justice était soumise à des formalités protectrices des libertés individuelles. Hors le cas du flagrant délit, le juge ne pouvait rendre un décret d'ajournement ou de prise de corps que sur les conclusions du procureur du roi, ou du procureur du seigneur : la nature du crime ou du délit, et la *qualité* de la personne, étaient des causes d'appréciations commandées au juge. « Le juge doit se défendre d'une trop grande précipitation, disent les anciens juristes, pour éviter d'être pris à partie. »

=Le droit commun de l'ancienne législation criminelle reposait donc sur des garanties de sécurité réelle pour la liberté de chacun. Cette sécurité fut loin de satisfaire le législateur de 1789. Il y eut également à ses yeux urgence à réformer ce point de législation criminelle, et le décret du mois d'octobre 1789 ordonna que les décrets d'ajournements personnels ou de prise de corps ne pourraient plus être prononcés que par trois juges au moins.

La marche révolutionnaire fut rapide, l'esprit sou-
cieux du législateur de 1789, pour la liberté individuelle, ne pouvait plus convenir à ceux qui se procla-
mèrent les vrais apôtres de la liberté. Le décret du 3
avril 1793 autorisa les commissaires de la convention
dans les départements, et près les armées, à faire arrêter, et même déporter *tous les citoyens suspects.*

Ce blanc-seing conventionnel, reproductif de la
lettre de cachet de l'ancien régime, était dans des conditions moins rassurantes. La liberté individuelle n'é-
tait pas mise à la merci d'un seul homme, mais à la
volonté des nombreux proconsuls qui sillonnaient la
France. Le pays s'accommodait peu de ce régime de
liberté. Il avait hâte, à juste titre, d'en voir la fin ;
cependant il en subit longtemps l'action arbitraire,
et la loi n'a été la sauvegarde des libertés individuelles qu'à dater de la publication du Code des délits et des peines, du 3 brumaire an IV (25 octobre
1795).

= Ce Code régularisa l'action de la justice criminelle;
il détermina le nombre des officiers de justice criminelle, et caractérisa les mandats de justice qu'il dé-
nomma mandats *d'amener, de comparution et d'arrêt.*
En cela, il ajouta à la loi du 19 septembre 1791, qui
ne reconnaissait que deux espèces de mandats : le
mandat *d'amener,* et le mandat *d'arrêt.*

Dans le système de ces deux législations, le mandat d'amener avait le même but, qui était de con-
traindre le prévenu à comparaître devant l'officier de
justice.

Le mandat d'arrêt, sous l'empire de la loi de 1791,
était décerné par l'officier de police de sûreté (juge

de paix), après l'interrogatoire du prévenu lorsqu'il y avait lieu à des poursuites criminelles. L'inculpé par ordre de ce mandat était transféré à la maison d'arrêt du tribunal du district.

La loi du 3 brumaire an IV conserva le même caractère au mandat d'arrêt, pour le transfert du prévenu après son interrogatoire à la maison d'arrêt du siége du directeur du jury d'accusation; mais elle donna une valeur de plus à l'action de ce mandat. Quatre jours après la notification du mandat d'amener, à la dernière résidence du prévenu, le juge de paix avait le droit de décerner contre lui un mandat d'arrêt dans trois circonstances : 1° lorsque le prévenu s'était évadé ; 2° lorsqu'il ne s'était pas trouvé à son domicile; 3° lorsqu'il voulait profiter de la faculté que lui accordait l'article 74, qui prévoyait le cas où le prévenu serait trouvé hors de l'arrondissement du juge de paix qui avait délivré le mandat d'amener. C'était donc un caractère nouveau d'action coërcitive que le Code du 3 brumaire an IV attribuait au mandat d'arrêt, dans les trois circonstances que nous venons d'indiquer.

A l'exemple du décret d'ajournement de l'ancienne législation, la loi du 3 brumaire an IV créa un nouveau mandat. La délivrance de ce mandat avait lieu lorsqu'il s'agissait d'un délit qui n'était puni que d'une amende au-dessus de la valeur de trois journées de travail. Dans une affaire de cette nature, le juge de paix ordonnait au prévenu de comparaître à jour fixe devant le directeur du jury d'accusation. Cet ordre fut intitulé mandat de *comparution*; enfin la loi du 7 pluviôse an IX (27 janvier 1801) introduisit le mandat *de dépôt*, qu'elle mit à la disposition du substitut du commissaire du tribunal criminel, appelé plus tard magistrat de sûreté.

Le Code d'instruction criminelle de 1808 n'a rien ajouté aux dispositions de la législation criminelle intermédiaire. Ce code n'admet que quatre mandats : le mandat *de comparution*, le mandat *d'amener*, le mandat *d'arrêt*, et le mandat *de dépôt*.

L'analyse des dispositions de la législation intermédiaire, sur ce point du droit criminel, nous servira comme terme bref et utile de comparaison, pour démontrer que ce qui a été créé par la république a été amélioré par l'empire, en plaçant l'usage des mandats de justice dont le caractère est clairement marqué, dans des conditions meilleures pour la sécurité des intérêts sociaux, comme pour la sécurité de la liberté individuelle.

Dans tout l'arrondissement, hors le cas de flagrant délit qui met seulement le mandat d'amener à la disposition du procureur du roi ou de ses auxiliaires, le juge d'instruction est le seul magistrat qui a le pouvoir de décerner des mandats de justice. Ce pouvoir n'est pas sans limite. L'arme qu'il choisit a ses conditions d'exécution réglées par la loi ; ce n'est donc pas un arsenal d'armes meurtrières ouvert au caprice du juge chargé seul de cette mission. Cette règle générale subit cependant une exception dans l'article 100 du Code d'instruction. Aux termes de cet article, le procureur du roi, autre que celui de l'arrondissement de l'officier qui a délivré un mandat d'amener, a le droit de décerner un mandat de dépôt contre le prévenu qui se trouve dans les conditions qui sont

prévues par cet article. Comme nous l'avons déjà dit,
l'article 74 du Code du 3 brumaire an IV avait prévu
le même cas, et ces deux dispositions législatives sont
également une exception au principe admis pour la
délivrance des mandats de dépôt ou d'arrêt, laquelle
délivrance ne doit s'opérer qu'après l'interrogatoire
du prévenu, ainsi que nous en donnerons bientôt le
motif. Mais c'est une mesure que le prévenu est libre
d'éviter, s'il ne veut pas profiter du bénéfice que lui
accorde l'article 100, et s'il préfère obéir au mandat
d'amener. Le procureur du roi qui a délivré le mandat de dépôt doit dans les vingt-quatre heures se
conformer à l'esprit de l'article 101. En dehors de
l'instruction criminelle ordinaire, la délivrance du
mandat de dépôt peut avoir lieu également dans les
cas prévus par les articles 193 et 490.

Le mandat de comparution (articles 94 et 93) est
l'équivalent d'une assignation à comparaître à jour
fixe devant le juge d'instruction. En cas de défaut,
le juge d'instruction décerne un mandat d'amener.

Le mandat de dépôt (articles 64 et 95) ne vient
qu'à la suite de l'interrogatoire de l'inculpé, s'il apparaît au magistrat sur qui pèse une des premières
responsabilités sociales que la détention du prévenu
est nécessaire.

Jamais le mandat d'arrêt (articles 94 et 96) ne
peut être décerné qu'après l'interrogatoire du prévenu, et que sur la réquisition expresse du procureur
du roi. Le besoin de l'interrogatoire du prévenu
s'explique par cette raison qu'aux termes de l'article
609 du Code d'instruction, le gardien de la prison
doit écrouer la personne arrêtée, sur la présentation

du mandat d'arrêt ou de dépôt. Ainsi, en procédant par la délivrance du mandat d'arrêt ou de dépôt, avant l'interrogatoire du prévenu, on s'écarterait évidemment de la lettre et de l'économie du Code d'instruction pour tout ce qui touche aux garanties données à la liberté individuelle, car on soumettrait la personne du prévenu à une détention préventive inévitable, avant d'avoir entendu sa justification ; puisque la chambre du conseil du tribunal est seule compétente pour lever l'écrou, lorsque l'instruction est terminée dans les affaires criminelles, ou la caution admise dans les affaires correctionnelles.

Le mandat d'amener (articles 64 et 91) le plus usuel, et le seul moyen coërcitif promptement exécutable sans danger pour ses suites, et qu'il est presque toujours indispensable et très-sage d'employer au début d'une instruction criminelle de quelque gravité, est soumis pour sa délivrance, dans un très-grand nombre de cas, à l'appréciation du juge d'instruction ; cependant, l'article 91 en rend la délivrance obligatoire, lorsqu'il s'agit d'un délit emportant peine afflictive ou infamante.

Cette dernière disposition était comprise dans le dernier projet de réforme législative criminelle présenté aux chambres. Le projet laissait au juge d'instruction la liberté de délivrer ou de ne pas délivrer un mandat d'amener, alors même qu'il s'agissait d'un délit emportant peine afflictive ou infamante. La latitude du juge ne s'étendait pas à tous les crimes en général, et on avait senti le besoin de se prémunir pour certains crimes contre cette règle.

Ce changement législatif, s'il est envisagé sur un

premier point de vue, n'avait rien de bien caractéris-
tique dans nos lois criminelles; seulement, le juge
d'instruction aurait pu faire une plus large concession à la personne du prévenu en différant son interrogatoire; mais aussi au détriment peut-être de l'instruction criminelle, car la délivrance du mandat
d'amener gêne pour un temps bien court la liberté
du prévenu. Son interrogatoire doit s'opérer dans les
vingt-quatre heures de son arrestation, et il reprend
sa liberté si le juge ne convertit pas le mandat d'amener en mandat de dépôt. La délivrance du mandat
d'amener ne peut faire perdre au juge d'instruction
la latitude que lui aurait conservée la délivrance du
mandat de comparution, si l'interrogatoire fait disparaître aux yeux du juge le caractère agravant de la
poursuite.

Au contraire, s'il apparaît au juge d'instruction,
après l'interrogatoire, que la peine afflictive ou infamante pèse toujours sur la tête du prévenu, sa personne sous la main de la justice est un élément précieux d'instruction, et il est du devoir du juge d'en
ordonner le dépôt; c'est tout à la fois une mesure
d'intimidation utile et un bon exemple qui profite à
la morale publique.

== Les règlements postérieurs à l'ordonnance de
1670 décidaient que tous les juges du siége devaient
concourir à l'élargissement du prisonnier sur l'examen
préalable de la procédure. Le juge qui avait ordonné
la détention du prévenu ne pouvait, à lui seul, changer cette première mesure. Cette appréciation première de sa part avait paru suffisante pour rendre
nécessaire le concours des autres magistrats, et pour

maintenir l'écrou jusqu'à la fin de l'instruction.

Dans le dernier état de la législation ancienne, si le prévenu voulait obtenir son élargissemeut pendant que le procès criminel s'instruisait, on l'obligeait à fournir une caution qu'on appelait *fidéjussoire;* si la solvabilité de la caution était douteuse, l'inculpé devait fournir une seconde caution appelée *certificateur* (1).

= Ces règles sont encore suivies de nos jours. La chambre du conseil du tribunal est seule compétente pour élargir par une ordonnance de renvoi, une personne écrouée; elle seule peut recevoir la caution offerte pendant le cours de l'instruction, et ordonner la liberté provisoire du détenu.

Le projet du gouvernement présenté aux chambres en 1842 et 1843, modifiait profondément cette procédure, en donnant le droit au juge d'instruction, avec le concours du procureur du roi, de relever la personne du prévenu du mandat de dépôt ou d'arrêt. C'était d'un trait de plume effacer l'obligation de fournir caution, et donner aux actes de l'instruction un caractère d'instabilité qu'il est convenable d'éviter dans les décisions du même magistrat.

Nous préférons l'état actuel des choses : la liberté individuelle, dans le sens propre du mot, est peu compromise, et l'ordre public est moins à découvert.

= Le droit de citer directement le prévenu devant le tribunal de police correctionnelle appartient au ministère public. Par exception, il peut également citer directement devant le jury le prévenu pour dé-

(1) Muyart de Vouglans, p. 229 et 230, *Mat. crim.*

lit commis par la voie de la presse, en vertu de la loi du 8 avril 1831.

L'action criminelle ordinaire, comme l'action civile, est dans le droit de tout citoyen, sous la responsabilité des suites de son action. C'est une voie judiciaire réglée par nos Codes, et qu'admet utilement l'institution de nos tribunaux. C'est donc mal à propos que nous avons entendu appeler, en principe, une réforme legislative sur ce point.

Cependant la justice des hommes aurait peu à souffrir de la diminution de ce genre d'affaires qu'une première irritation détermine souvent; la réflexion amène à plus de prudence, et il serait peut-être de quelque utilité que la loi défendît toute citation entre parties civiles pendant quinzaine, à dater du jour du délit ou de l'offense.

Nous verrions aussi, comme une bonne et juste réforme de police d'audience, que la personne citée à la requête de la partie civile eût le privilége, sur les prévenus cités par le ministère public, de tenir place à la barre du tribunal comme sa partie adverse, ce qui n'apporterait aucun obstacle à son interrogatoire.

La présence à l'audience, au banc des prévenus déjà condamnés, est une peine morale infligée d'avance à l'homme qui, traduit peut-être légèrement au tribunal, ne redoute pas de rendre compte de sa conduite à la justice.

§ VIII.

La détention préventive a été considérée, dans
toutes les législations criminelles, comme une mesure
d'ordre, et comme une nécessité indispensable dans
l'instruction du plus grand nombre des affaires criminelles.

Cette rigueur pèse de tout son poids sur l'homme
seulement présumé coupable ; mais dans la balance,
les intérêts sociaux ont dû l'emporter sur l'intérêt in-
dividuel. La loi est impuissante pour fixer une limite
au temps nécessaire pour l'instruction d'une affaire
criminelle ; les circonstances et les lieux échappent au
commandement, et par la force des choses, tout est

livré aux inspirations consciencieuses et éclairées du juge d'instruction.

= Nos lois anciennes n'étaient pas sans soucis des libertés individuelles. L'ordonnance de 1670 en donne de nombreux exemples. La justice, bonne pour les temps comme pour les hommes, nous oblige à reconnaître que les préceptes de nos lois d'une bonne raison, en matière criminelle, et protecteurs de la liberté individuelle, ont pour source principale les dispositions de l'ordonnance de 1670.

L'article 20 de cette ordonnance prescrivait aux procureurs de justice ordinaire, et aux lieutenants criminels, d'envoyer tous les six mois aux procureurs généraux le nom des personnes écrouées et l'état de la procédure.

On ne trouve rien de semblable dans les lois intermédiaires. La hiérarchie judiciaire n'avait pas à cette époque un centre d'action morale qui pût servir à la bonne et active administration de la justice. Les tribunaux, sans liens entre eux, avaient à suivre les préceptes et les règles d'instruction que la loi leur commandait.

= Le Code d'instruction criminelle a reproduit, avec plus d'exigence, les dispositions de l'ordonnance de 1670; l'article 249 prescrit au procureur du roi de transmettre au procureur général, tous les huit jours, une *notice* de toutes les affaires criminelles, correctionnelles ou de police qui sont survenues.

Le Code ne soumet pas le juge d'instruction à l'obligation de rendre compte des affaires qu'il instruit. Il y aurait perte de temps dans le rapport d'une affaire incomplète dans ses éléments. L'article 127 du

Code d'instruction, dans ses termes, n'a voulu parler
que d'affaires instruites, ainsi que l'indique d'ailleurs
l'intitulé du chapitre IX. Mais le procureur général,
en vertu de l'article 279, qui lui confère la surveillance de tous les officiers de police judiciaire, et
même du juge d'instruction, a le droit de faire des
règlements d'ordre du parquet ; c'est ce qui se pratique dans le ressort de la cour royale de Riom ;
le juge d'instruction transmet tous les mois au
procureur général un tableau de l'état des procédures qu'il poursuit. Ce contrôle fréquent et périodiquement répété doit donner toute assurance de
l'exactitude des magistrats, à ceux qui n'ont pas la
prétention de vouloir modeler la marche des affaires
humaines au gré de leurs désirs.

== La liberté sous caution est un mode d'élargisse-
ment provisoire qui a été admis par toutes les législations criminelles. Ce bénéfice de la loi n'a jamais
été absolu ; le législateur, sur ce point de droit crimi-
nel, devait constamment se préoccuper de la juste
faveur due à la liberté individuelle, et du besoin non
moins impérieux de rendre efficace la protection tout
à la fois morale et matérielle qui est également due
aux intérêts de la société. Chaque siècle a ses épreu-
ves, ses besoins et son esprit ; de là naît la différence des dispositions législatives, malgré qu'en principe le point de départ soit le même.

Dans le chapitre précédent, nous avons déjà dit,
sans remonter aux législations antérieures, que l'ordonnance de 1670 admettait la liberté provisoire
sous caution. Les termes de l'ordonnance ne portaient
aucune exception à cette règle par rapport à la na-

ture du crime ou du délit. Elle ne fixait pas le *quantum* que devait fournir la caution et le juge en déterminait le montant.

Il était cependant de jurisprudence de refuser la liberté sous caution pour toute personne sans domicile ou gens sans aveu. La même prohibition existait pour tout crime emportant peine corporelle, et la raison de décider ainsi, puisée dans la loi romaine, consiste, disent les anciens auteurs, en ce que la caution *ne peut obliger ses membres* (1).

La série cruelle et nombreuse des peines corporelles de l'ancienne législation pénale fut abolie par la législation de 1791. Les peines se classèrent en trois catégories : elles furent *afflictives, infamantes,* et *correctionnelles.*

La législation intermédiaire, mobile dans ses règles comme dans son action, apporta des changements successifs au droit d'obtenir la liberté provisoire sous caution.

La loi du 19-22 juillet 1791 permit l'élargissement de tout détenu pour délit correctionnel, moyennant un cautionnement qui ne pouvait être moindre de 3,000 francs, ni excéder 20,000 francs. Le taux élevé du cautionnement était presque l'équivalent d'une négation.

La loi du 16-29 septembre 1791 fut plus large dans ses dispositions. Le prévenu d'un délit correctionnel fut laissé en liberté jusqu'au jugement. En matière criminelle, si la peine encourue était seulement infamante, le prévenu pouvait obtenir la li-

---

(1) Muyart de Vouglans, p. 229, *Inst. crim.*

berté en fournissant caution suffisante de se représenter.

La loi, en forme d'instruction, du 21 octobre
1791, consacra les mêmes principes. Cette dernière
loi ni la précédente n'avaient pas déterminé le montant du cautionnement. La fixation en était laissée à
l'arbitrage de l'officier de police.

Le Code du 3 brumaire an iv rétablit les dispositions de la loi du 19-22 juillet 1791. Les prévenus
des délits correctionnels durent fournir caution pour
obtenir leur élargissement provisoire. Le directeur
du jury, pour les crimes punis seulement d'une peine
infamante, devait aussi élargir provisoirement le prévenu qui fournissait un cautionnement fixé à 3,000
francs.

Enfin, une dernière loi, du 29 thermidor an iv,
fixa une échelle proportionnelle du montant du cautionnement, selon la nature des délits.

L'article 2 détermina une valeur de 3,000 francs
pour les larcins, filouteries et simples vols. L'article
3 soumit la peine infamante à un cautionnement de
2 à 6,000 francs, et l'article 4 déclare que, pour les
peines correctionnelles, le cautionnement ne pouvait
être moindre de 1,000 francs.

Il est difficile de se rendre compte des motifs de
la différence qui existe entre la valeur du cautionnement exigé par l'article 2 et celui exigé par l'article
4, si ce n'est que ce dernier article fut sans doute
admis comme correctif et *minimum* de l'article 2.

La faveur de la liberté provisoire, sous caution,
ne s'est jamais étendue aux prévenus de crime punis
de peines afflictives. Nous ne dirons pas, avec les

7

anciens criminalistes, qu'il en devait être ainsi, parce que la caution, dans ce cas, ne pouvait obliger ses membres; mais nous puiserons dans cette exclusion des peines afflictives un exemple de bonne moralité, et nous y verrons un motif de sécurité publique.

= Le Code d'instruction criminelle de 1808 succéda à cette législation. Si, d'un côté, il fut plus restrictif dans le cas de la liberté accordée sous caution, de l'autre, il facilita l'élargissement des prévenus des délits correctionnels en diminuant la valeur du cautionnement.

L'article 113 n'admet pas la liberté provisoire, sous caution, pour les prévenus de crimes ou délits emportant une peine afflictive ou infamante. L'article suivant déclare, au contraire, que la chambre du conseil *pourra* élargir provisoirement le prévenu, si le fait qui lui est imputé n'emporte qu'une peine correctionnelle; enfin l'article 119 descend le taux du cautionnement à la somme de 500 francs.

Ces règles que l'expérience de la législation précédente avait dictées à la profonde sagesse du législateur de 1808 étaient comprises dans la réforme des lois criminelles proposées en dernier lieu aux chambres par le gouvernement (sessions 1842 et 1843). Le principe général et absolu de la liberté sous caution était admis. La règle contraire était l'exception, et le mot *ordonnera* avait été substitué par amendement au mot *pourra* de l'article 114 du Code d'instruction.

Cette nouvelle rédaction avait au moins l'avantage de faire cesser un non-sens grammatical qui avait été même admis par les arrêts de la cour de cassation : les termes étant la représentation des pensées, il était difficile de comprendre que le mot *pourra* devait se restreindre, en matière de cautionnement criminel, à l'appréciation seule de la valeur du cautionnement, et que sous tout autre point de vue il avait pour le juge la puissance du verbe *devra*; c'est ainsi que les décisions de la cour suprême servaient d'appui à la théorie du projet.

Cet avertissement a porté ses fruits. La langue judiciaire, sur ce point, est devenue plus claire, et un arrêt de la cour de cassation, du 23 février 1844, rendu sur le rapport de M. le conseiller Mesnard, et sur les conclusions conformes de M. le procureur général Dupin, a fixé, en droit, le véritable esprit et le véritable sens de l'article 114 du Code d'instruction, et comme conséquence, cet arrêt a rétabli le verbe *pourra* dans toute l'étendue des idées qu'il exprime dans les dictionnaires de la langue française, en reconnaissant aux tribunaux le pouvoir d'admettre ou de refuser, même à *la personne* du prévenu, le bénéfice de la liberté provisoire sous caution.

Nous sommes loin de nous plaindre de cette dernière jurisprudence de la cour suprême, qui ne recule jamais devant la rétractation d'une erreur consacrée par ses arrêts, lorsque ses lumières la lui font découvrir. Cette décision permet, selon nous, d'étendre sans danger le principe de la liberté provisoire, sous caution, à certains délits qui, par leur nature, en sont privés; elle facilite sous la sauvegarde des tribunaux l'abaissement de la valeur du cautionnement (1).

(1) M. Faustin Hélie n'envisage pas de même l'arrêt de rejet de la cour de

L'appréciation des hommes, comme la valeur des choses, importe à la bonne administration de la justice criminelle. Les menées de celui qui est libre peuvent susciter des embarras et rendre difficile l'instruction d'une affaire. La théorie peut méconnaître cette dernière considération, mais nous la croyons toute-puissante aux yeux de la pratique.

La chambre du conseil du tribunal, lorsque la procédure est terminée, prononce la mise en liberté ou la mise en prévention du prévenu, sur le rapport du juge d'instruction, et sur les conclusions écrites du procureur du roi. L'ancien droit criminel n'avait pas ce premier degré de juridiction, il fut créé par la loi du 21 octobre 1791.

Sous l'ancienne législation criminelle, il était seulement d'usage d'ordonner par jugement le recolement des témoins et leur confrontation avec le prévenu, lorsque l'affaire était de nature à faire subir une condamnation afflictive ou infamante ; mais cette mesure n'était qu'un supplément d'instruction, et cette décision, rendue hors de l'audience par trois ou sept juges, appelée *règlement à l'extraordinaire*, avait en vue plutôt la forme de la procédure que le fond de l'affaire.

= La torture ou la question était également une voie d'instruction de règlement à l'extraordinaire. Ce mode d'instruction était prévu par l'article 1er du titre XIX de l'ordonnance de 1670. La question n'est donc pas au nombre des peines réelles admises par

cassation du 23 février 1844. Il nous a été impossible de nous rendre aux raisons de ce savant criminaliste. Voir la *Revue de législation et de jurisprudence*, t. III (mars 1844), p. 453 et suivantes. Paris, Videcoq.

l'ancienne législation pénale. Cependant les anciens auteurs considéraient comme une véritable peine ce mode extrême et rigoureux d'instruction, et cette opinion ne faisait que rappeler une disposition de l'ordonnance même de 1670 qui attribuait ce caractère à la question au titre xxv, article 13. Les tribunaux admettaient deux sortes de questions, l'une préparatoire ordinaire et extraordinaire, et l'autre préalable ou définitive ordinaire et extraordinaire. La première tendait à faire avouer à l'accusé le crime capital dont il était accusé, lorsqu'il n'y avait pas au procès de preuves suffisantes; la seconde était pour forcer le condamné à mort de déclarer ses complices.

Aujourd'hui, on ne comprend pas le langage simple et naturel des anciens auteurs criminalistes, lorsqu'ils traitent cette partie de l'instruction de l'ancienne législation criminelle. C'est rendre l'hommage le plus patent au bienfait de l'œuvre civilisatrice de notre société moderne, que de rappeler simplement la manière de procéder pour l'application de la question.

Encore, à ces fins, nous prendrons dans le Style universel par Gauret un modèle de procès-verbal pour l'application de la question préparatoire ordinaire et extraordinaire.

L'an, etc.

Nous, M... conseiller du roy, lieutenant-criminel à... et P... aussi conseiller du roy en la sénéchaussée et siége présidial de.... nous étant transporté en la chambre de la question, avons fait venir des prisons et amener en la dite chambre B... accusé, lequel accusé s'étant assis sur la sellette, et après serment par luy fait de dire vérité, avons procédé à son interrogatoire, ainsi qu'il suit.

Interrogé de son nom, etc.

Après quoy l'accusé s'étant mis à genoux, tête nue, luy a été prononcé par notre greffier la sentence renduë sur le procez criminel extraordinairement fait à la requeste de A... contre l'accusé, par laquelle avant de procéder au jugement définitif du procez, il a été ordonné que l'accusé seroit appliqué à la question ordinaire et extraordinaire, et interrogé sur les faits résultans du procez.

Ce fait, l'accusé a été déshabillé, et mis sur le siége de la question par le questionnaire, et après avoir été attaché par les bras et jambes en la manière accoutumée, et ayant été étendu, et le premier tréteau passé sous les cordes attachées aux jambes de l'accusé, a dit...

Le questionnaire a fait boire un peau d'eau à l'accusé qui a dit...

Au deuxième pot,

A dit...

Au troisième pot,

A dit...

Au quatrième pot,

A dit...

Après quoy le grand tréteau de l'extraordinaire ayant été passé sous les mêmes cordes, l'accusé a dit...

Au premier pot de l'extraordinaire,

A dit...

Au deuxième pot de l'extraordinaire,

A dit...

Au troisième pot de l'extraordinaire,

A dit...

Au quatrième pot de l'extraordinaire,

A dit...

Et ensuite l'accusé a été détaché et mis devant le feu sur un matelas, où étant   l'avons interrogé, etc.

La manière de donner la question n'était pas la même dans tous les tribunaux du royaume. A Paris, il était d'usage d'employer l'eau conformément au procès-verbal ci-dessus transcrit, ou les brodequins en hiver. A la suite de deux arrêts, de 1695 et 1697, pour les siéges de St-Pierre-le-Moutier et d'Orléans, le parlement de Paris transmit des instructions à tous les siéges de son ressort pour établir une manière uniforme d'appliquer la question. Nous croyons également devoir reproduire quelques passages de ces instructions, minutieusement détaillées, pour faire comprendre tout le supplice qui était attaché à la torture de l'eau et des brodequins.

« La question de l'eau ordinaire avec extension se donnera avec un petit tréteau de deux pieds de hauteur, et quatre cocquemards d'eau de deux pintes et chopine, mesure de Paris (un litre environ).

» La question ordinaire et extraordinaire avec extension se donnera avec le même petit tréteau et quatre pareils cocquemards d'eau. Puis on ôtera le petit tréteau, et sera mis à sa place un grand tréteau de trois pieds quatre pouces; et se continuera la question avec quatre autres cocquemards d'eau pareillement de deux pintes et chopine chacun, lesquels cocquemards d'eau seront versés dans la bouche de l'accusé lentement et haut.

» Un homme qui sera avec le questionnaire tiendra la tête de l'accusé un peu basse, et une corne dans la bouche afin qu'elle demeure ouverte. Le questionnaire, prenant le nez de l'accusé, le lui serrera et le lâchant néanmoins de temps en temps pour lui laisser la liberté de la respiration, et tenant le premier cocquemard haut, il versera lentement dans la bouche de l'accusé; le premier cocquemard fait, il les comptera au juge, et ainsi des trois autres; lesquels, pareillement finis, sera pour l'extraordinaire mis un grand tréteau de trois pieds de hauteur à la place du petit, et les quatre autres cocquemards d'eau donnés ainsi que les quatre premiers.

» Si la question est des brodequins, l'accusé sera déchaussé nu-jambes, et, étant assis sur la sellette, lui sera mis quatre planches de bois de chêne entre les jambes; lesquelles planches enfermeront les pieds, jambes et genoux en dedans et dehors; et seront percées de quatre trous chacune, dans lesquels seront passées de longues cordes que le questionnaire serrera très-fortement, et après tournera lesdites cordes autour des planches, pour les tenir plus serrées, et avec un marteau ou maillet, il poussera à force sept coins de bois, l'un après l'autre, entre les deux planches qui seront entre les jambes à l'endroit des genoux, et le huitième aux chevilles des pieds en dedans (1). »

La justice n'a plus à rougir de ces rigueurs barbares; une lumière plus douce éclaire ses pas. Cependant, il faut faire la part des siècles et peser les fautes selon les temps; car le mal d'une époque n'est souvent que le produit d'une erreur grossière à laquelle n'échappent pas toujours les bons esprits. Nous citerons pour exemple, au sujet de la question, un dernier passage d'un ancien auteur (2).

« Le Brun, en *sa Pratique criminelle*, dit que les voleurs et brigands ont des artifices pour se rendre insensibles à la douleur; et qu'il a vu, en l'année 1588, un scélérat et chef de voleurs, nommé le Grand François, auquel les deux orteils des pieds furent arrachés dans la violence de la question, sans qu'il fît aucune démonstration de douleur; dont la cause ayant été demandée à l'un de ses complices, il répondit que cela provenait de ce qu'il avait mangé du savon qui

(1) Denisart, t. III, p. 258, question.
(2) *Pratique de Lange*, t. II, ch. xiv, p. 183.

a la force de stupéfier et engourdir les nerfs, et que le remède à cette insensibilité était de lui faire avaler du vin ; ce qui ayant été fait, il s'écria qu'il était mort, et confessa tous les meurtres et vols qu'il avait commis, et fut condamné à la roue. »

= Précédemment, nous avons dit que la loi du 21 octobre 1791 établit la juridiction de la chambre du conseil. Ce mode de procéder de nos Codes nouveaux est une garantie profitable à l'instruction de l'affaire comme à la personne du prévenu. La décision de la chambre du conseil prépare le jugement et règle la compétence. Cette décision devient souveraine, si, dans le délai de vingt-quatre heures de l'ordonnance, le ministère public ou la partie civile, à dater de la signification qui lui en est faite, n'y forment pas opposition. Les juges, en matière correctionnelle, ne sont pas liés par l'examen préliminaire de la procédure. L'instruction orale à l'audience est le seul élément de conviction qui doit présider à leur jugement.

Mais il suffit qu'un seul juge estime que le fait est de nature à être puni des peines afflictives ou infamantes, pour que la chambre du conseil décerne une ordonnance de prise de corps contre l'inculpé, et le renvoie devant la chambre des mises en accusation de la cour royale.

Cette exception portée à la règle ordinaire, qui fait que l'avis de la majorité l'emporte toujours à juste titre sur celui de la minorité, se justifie par cette considération, que dans l'appréciation première d'une affaire criminelle, il est sage qu'un seul doute puisse appeler un second examen.

L'art. 133 du Code d'instruction prescrit l'envoi

immédiat des pièces à la cour et dans les cinq jours de la réception des pièces, le procureur général doit mettre en état l'affaire et présenter également, dans les cinq jours suivants, son rapport à la chambre d'accusation.

La section criminelle de la cour royale doit prononcer au plus tard dans les trois jours du rapport du procureur général. L'arrêt de renvoi est exécuté immédiatement et le détenu mis sur-le-champ en liberté. S'il y a lieu à accusation, l'acte d'accusation et l'arrêt de renvoi aux assises sont signifiés à l'accusé, qui, dans les vingt-quatre heures de cette signification, doit être transféré de la maison d'arrêt dans la maison de justice établie près la cour où il doit être jugé.

Cette marche rapide, dans la dernière période de la procédure criminelle, est un argument de plus contre l'opinion de ceux qui prétendent que la théorie du Code d'instruction est peu soucieuse des droits de la liberté individuelle. L'ensemble des dispositions de ce code démontre, au contraire, une volonté constante d'en protéger les droits, en les conciliant avec la protection que réclament également les intérêts sociaux : les modifications possibles ne sont point fondamentales, et une bonne œuvre législative n'est jamais condamnée par quelques améliorations que le temps prépare, et qu'il permet d'introduire dans les détails d'un système législatif déjà établi.

= Les arrêts de la justice ont une puissance au-dessus d'eux. Notre constitution donne au roi le droit absolu de faire grâce et celui de commuer les peines (art 58, Charte const.).

La législation de 1791 ne plaça aucun pouvoir au-dessus de la décision du jury. Cette institution reflétait l'image de la souveraineté nationale, que le législateur de cette époque voulait honorer. Les décisions judiciaires et les arrêts du jury furent irrémissibles, jusqu'au Sénatus-Consulte du 16 thermidor an **x**, qui conféra le droit de grâce au premier consul. Ce retour à un ancien principe de bienfaisance humaine ne s'est plus effacé de nos institutions.

Dans le dernier état de l'ancienne législation, la prérogative de la couronne, en cette matière, n'était pas si libre que celle consacrée par notre constitution. Les lettres d'abolition ou de rémission ne pouvaient être expédiées pour tous les crimes en général. L'ordonnance de 1670 énumérait ceux qui, par leur nature, étaient exclus de cette faveur ; et l'art. 4 du chap. xvi portait : « Si aucune des lettres d'abolition ou de rémission étaient expédiées pour les cas ci-dessus, nos cours pourront nous en faire leurs remontrances, et nos autres juges représenter à notre chancelier ce qu'ils estimeront à propos. »

Ce contrôle de la grâce royale n'est plus dans le droit des tribunaux, la confiance entière du pays dans la haute sagesse du pouvoir qui préside à ses destinées fait du droit de grâce, de nos jours, la plus belle prérogative du roi.

= La révision d'un procès criminel est l'examen nouveau d'une condamnation en dernier ressort, et qui paraît avoir pour fondement un erreur de fait. Le besoin de réviser un procès criminel, dans ces conditions, se justifie par les notions premières qu'enseignent l'équité et la justice.

L'ancien droit criminel admettait le principe de la

révision d'un procès criminel ; l'ordonnance de 1670 ne limitait point les causes de révision, et, après la mort du condamné, le droit de purger l'infamie qui pesait injustement sur sa mémoire appartenait aux héritiers.

La voie du recours en révision ne fut plus admise lors de l'institution du jury. La suppression du recours en révision, comme celle du recours en grâce, étaient deux conséquences de l'intronisation de la souveraineté nationale ; les arrêts de jury furent jugés irréfragables.

La pratique ne s'accommode pas toujours d'une théorie à préceptes irrémissibles ; il arrive souvent que des concessions indispensables en font fléchir bientôt le froid rigorisme. Ce besoin se fit sentir, et, par décret du 15 mai 1793, la révision fut admise pour le cas d'existence de deux condamnations inconciliables. Cette règle fut suivie jusqu'à la promulgation du Code d'instruction criminelle de 1808, qui fut moins restrictif dans ses dispositions.

Ce Code limita cependant les causes de révision par les articles 443, 444 et 445. La dignité des arrêts de la justice commandait cette sage économie ; il ne faut pas que sur de vains prétextes la chose jugée puisse de nouveau être mise en question. La mémoire du condamné ne peut se réhabiliter que dans le seul cas prévu par l'article 444 ; c'est-à-dire, lorsque les indices de l'existence de la personne présumée homicidée, et qui avait été la cause de la condamnation, sont suffisants pour conduire à la découverte de ce fait matériel, qui ne laisse aucun doute sur l'erreur judiciaire.

= Le repentir est le refuge qui reste encore au

condamné après avoir subi sa peine pour rentrer lavé de toute flétrissure dans les rangs de la société. La réhabilitation consacrée par les lois anciennes et nouvelles est l'espérance miséricordieuse du condamné repentant. Cette grâce de la loi est d'une application rare de nos jours (1), et notre ordre social s'émeut avec raison de la perversité toujours croissante des nombreux condamnés libérés qui tiennent en échec la sûreté publique.

La Code d'instruction criminelle, article 619, n'admet la réhabilitation que pour les condamnés à une peine afflictive ou infamante. Les condamnés par les tribunaux correctionnels et par les tribunaux de police ne sont pas admis à se faire réhabiliter. Les peines de simple police ne privent jamais d'aucun droit civil ou politique, et la réhabilitation dont le but principal est de relever de ces incapacités, serait dans ce cas un moyen sans résultat.

Il n'en est pas de même pour les peines correctionnelles; l'article 9 du Code pénal met au nombre de ses peines l'interdiction à temps de certains droits civiques, civils ou de famille. Cette peine, il est vrai, a des limites; elle n'est pas éternelle; mais un remède plus prompt apporté au mal n'est jamais une fausse mesure, lorsque le remède est appliqué à propos. Un sentiment de justice tout naturel semble également conduire à une générosité au moins

(1) Les lettres de réhabilitation, depuis la dernière période quinquennale, sont : en 1840 de 21, en 1842 de 14, en 1843 de 32, en 1844 de 13.

Nous devons l'exactitude des chiffres statistiques criminels des dernières années à l'obligeance dont veut bien nous honorer en toute circonstance M. Meilheurat, directeur des affaires criminelles et des grâces. Nous sommes heureux de trouver l'occasion de lui en témoigner publiquement notre gratitude.

égale envers celui dont la faute est moins grave.

La réforme de ce point de droit criminel était comprise dans le projet du gouvernement, rejeté par la chambre des pairs dans sa séance du 22 mai 1843. La discussion fut vive sur les exceptions qu'on devait apporter au principe, et la difficulté de s'entendre sur ce point fut peut-être le principal motif du rejet de la loi.

═ Nous croyons avoir répondu, par la justification raisonnée des principes généraux de notre législation criminelle, aux questions que nous avons posées au début du second chapitre ; nous sommes donc autorisé à conclure : 1° Qu'il n'y a pas nécessité de refondre notre système criminel ; 2° que l'harmonie de nos Codes n'a point à souffrir d'une révision, d'ailleurs *sans urgence*, d'un très-petit nombre de dispositions dont l'amélioration, bien comprise, peut être désirable (1); 3° enfin, que les codes de l'Empire, toujours dignes de nos respects, peuvent supporter l'examen de notre époque constitutionnelle. On blesserait des droits hautement acquis en effaçant, pour ne pas faire mieux, la date de leur origine.

(1) Nous avons lu, dans le premier volume qui vient de paraître du *Traité de l'instruction criminelle* ou *Théorie du Code d'instruction criminelle*, par M. Faustin Hélie, le passage suivant :

« Ce Code (*Code d'inst. crim.*) nous paraît la loi de la procédure criminelle » la moins imparfaite parmi les lois des peuples modernes. Nous savons et » nous indiquerons les améliorations nouvelles qu'elle appelle encore et dont » quelques-unes nous semblent *urgentes*; mais, même avec ses défauts et ses » lacunes, cette loi mérite plus d'éloges encore que de critiques. »

Nous nous pénétrerons de la lumière vive et brillante qui jaillit toujours des écrits érudits de l'auteur criminaliste le plus distingué de notre époque, et si nos vœux de réforme n'étaient pas entièrement conformes aux siens, nous ne lirons pas moins avec un intérêt fructueux la suite des développements éloquemment donnés à la matière de notre essai.

LIVRE III.

———◆———

DES RÈGLES PRATIQUES D'INSTRUCTION CRIMINELLE (1).

§ IX.

Police administrative ou préventive.

═ Le cadre que nous nous sommes imposé **nous** commande quelques observations sur des matières administratives rapprochées de notre sujet.

(1) *MM. les maires et adjoints* des communes figurent toujours en noms dans les instructions de ce Manuel.

Nous avons cru qu'il était utile de conserver à notre travail le caractère primitif que nous lui avions donné dans l'édition de 1841. C'est indiquer par là le but principal que nous avions voulu atteindre, et qui nous préoccupe encore. Ce but est toujours digne du plus grand intérêt social.

Notre pensée serait heureusement complétée si le traité qui précède, brièvement formulé, était cependant assez clair pour rendre facile à tout le monde la connaissance des principes qui sont la base de notre droit criminel.

Nous considérons également l'historique de l'organisation judiciaire que nous avons placé en tête du livre comme un auxiliaire utile à l'intelligence de la matière, en rassurant sur la bonté de nos institutions judiciaires, dont le raffermissement n'est arrivé qu'à la suite de longues vicissitudes législatives.

La police préventive, c'est-à-dire les mesures qui tendent à prévenir tous actes contraires au bon ordre des intérêts généraux et particuliers, rentre dans le cercle des pouvoirs de l'administration.

La police administrative a pour objet le maintien habituel de l'ordre public dans chaque lieu et dans chaque partie de l'administration générale. Elle tend principalement à prévenir les délits (art. 19, loi du 3 brumaire an iv-25 oct. 1795).

La police est instituée pour maintenir l'ordre public, la liberté, la propriété, la sûreté individuelle (art. 16).

Son caractère principal est la vigilance; la société, considérée en masse, est l'objet de sa sollicitude (article 17).

Le maire est chargé, sous l'autorité de l'administration supérieure, de l'exécution des mesures de sûreté générale ; d'ordonner les mesures locales sur les objets confiés à sa vigilance et à son autorité (art. 9, loi des 18-22 juillet 1837).

═ La police administrative ou préventive a donc pour obligation de prévenir les attentats aux lois et à l'ordre public. Cette mission est digne de toute sollicitude; car il est mieux de prévenir le mal que d'appeler sur des coupables le châtiment de leurs fautes.

La tranquillité publique, par conséquent, vient-elle à être troublée? des rixes sont-elles prêtes à s'engager? la police préventive doit rétablir l'ordre, et arrêter des luttes trop souvent fâcheuses dans leurs résultats.

Les scènes de désordre à craindre ont-elles un caractère plus sérieux? forment-elles un attroupe-

ment menaçant pour l'ordre public? les rassemble-
ments séditieux veulent-ils porter atteinte à la richesse
publique ou à l'intérèt particulier? l'action administrative est la première appelée par la loi à interposer
son autorité, pour ramener à des desseins plus sages
une multitude égarée.

Toutes personnes qui forment des attroupements
sur les places ou sur la voie publique seront tenues
de se disperser à la première sommation *des préfet,
sous-préfet, maires, adjoints des maires et de tous magistrats et officiers civils* chargés de la police judiciaire,
autres que les gardes-champêtres et gardes forestiers.

Les personnes qui, après la première sommation,
continueront à faire partie d'un attroupement, pourront être arrêtées.

Si l'attroupement ne se dissipe pas, les sommations seront renouvelées trois fois. Chacune d'elles
sera précédée d'un roulement de tambour ou d'un
son de trompe. Si les trois sommations sont deve-
nues inutiles, il pourra être fait emploi de la force,
conformément à la loi du 3 août 1791 (loi du 10 avril
1831).

Si les personnes attroupées ne se retirent pas pai-
siblement, et même s'il en reste plus de quinze ras-
semblées en état de résistance, la force des armes
sera à l'instant déployée contre les séditieux, sans
aucune responsabilité des événements, et ceux qui
pourront être saisis ensuite seront livrés aux officiers
de police, pour être jugés et punis selon la rigueur
des lois (art. 7, loi du 3 août 1791).

Force doit rester à la loi; mais, en pareille occur-
rence, l'administration supérieure sera à l'instant

8

prévenue, et le magistrat sage et prudent n'usera de la mesure rigoureuse que la loi met à sa disposition, qu'à la dernière nécessité, et alors que le danger est imminent.

Le législateur devait porter plus loin ses prévisions, à l'effet d'écarter les éléments de désordre qui pourraient surgir forts et puissants de conciliabules secrets.

L'esprit du mal se revêt facilement du manteau du bien, et l'énergie brutale des mauvaises passions s'accroît avec le nombre. Cette simple observation justifie les dispositions du Code pénal que nous croyons également devoir rappeler, et dont l'exécution est administrative.

Nulle association de plus de vingt personnes, dont le but sera de se réunir tous les jours, ou à certains jours marqués, pour s'occuper d'objets religieux, littéraires, politiques ou autres, ne pourra se former qu'avec l'agrément du gouvernement, et sous les conditions qu'il plaira à l'autorité publique d'imposer à la société.—Dans le nombre de personnes indiqué par le présent article, ne sont pas comprises celles domiciliées dans la maison où l'association se réunit (art. 291).

Toute association de la nature ci-dessus exprimée qui sera formée sans autorisation, ou qui, après l'avoir obtenue, aura enfreint les conditions à elle imposées, sera dissoute (art. 292). Les dispositions de l'article 291 du Code pénal sont applicables aux associations de plus de vingt personnes, alors même que ces associations seraient partagées en sections d'un nombre moindre, et qu'elles ne se réuniraient pas tous les jours ou à des jours marqués (loi du 10 avril 1834).

= L'administrateur ne doit pas borner ses soins à

la conservation de la chose publique : les intérêts privés ont des droits à sa sollicitude, et il sera fidèle à sa mission en plaçant à l'abri du mal celui qu'un danger menaçait.

Ainsi, un homme arme-t-il son bras pour exécuter des menaces coupables?

La loi charge le fonctionnaire administratif de veiller à ses côtés, et d'arrêter l'exécution de ses mauvais desseins.

Une rumeur sinistre se fait-elle entendre? un crime ou délit s'est-il préparé dans l'ombre et le silence?

Il appartient à la police administrative d'en prévenir l'exécution, et son heureuse intervention, appliquée à propos, paralyse l'action mauvaise et préserve d'une flétrissure certaine l'homme qui serait devenu coupable.

Cette protection bienfaisante et tutélaire des intérêts sociaux n'est point impuissante dans son exécution; car l'action de la force publique devient l'auxiliaire des mesures de prudence prévues par la sagesse du magistrat administratif.

= Le droit, pour l'autorité administrative, de requérir au besoin la force publique, est une conséquence naturelle des obligations qui lui sont imposées par les lois constitutives de ses attributions.

Cette faculté dérive, d'ailleurs, des lois du 28 germinal an vi, 9 floréal an xi, décret du 18 juin 1806, et loi du 22 mars 1831, et de l'ordonnance royale du 20 octobre 1820, actes qui créent et déterminent les obligations des corps composant la force publique du royaume.

Aux termes de ces lois, la force publique se compose, 1° de la gendarmerie; 2° des gardes champêtres, gardes forestiers et des employés des douanes; 3° de la troupe de ligne; 4° de la garde nationale.

L'art. 234 du Code pénal renferme également le principe du droit de réquisition conféré à l'autorité civile.

Tout commandant, tout officier ou sous-officier de la force publique qui, après en avoir été légalement requis par l'*autorité civile*, aura refusé de faire agir la force à ses ordres, sera puni... etc.

Les réquisitions doivent être faites par écrit au commandant de l'arme requise.

= MODÈLE DE RÉQUISITION.

Nous, maire de la commune de   canton de arrondissement de   département de

Ou adjoint, en l'absence du maire, ou délégué du maire;

Ou membre du Conseil municipal, désigné par la loi en l'absence du maire et de l'adjoint, ou délégué du maire;

Requérons, en vertu de la loi,

Le commandant de la gendarmerie de...

Ou le commandant de la garde nationale de...

Ou le commandant de la troupe de ligne à la résidence de... (*désigner le lieu*);

De prêter le secours nécessaire que nous estimons devoir s'élever à la force de tant d'hommes... (*mettre le chiffre*) pour prévenir et repousser les attroupements;

Ou prévenir tel dessein criminel (*en indiquer la nature*).

Fait à   le   du mois   l'an

Signature.

Si l'emploi de la force devenait urgent pour un fait

instantané, la réquisition verbale adressée à la force publique remplirait suffisamment le prescrit de la loi.

= L'absence ou l'éloignement des agents de la force publique auraient pu laisser sans force coërci-tive le fonctionnaire préposé au maintien du bon ordre; mais la loi a sagement prévu la possibilité de cette circonstance en conférant le pouvoir de requérir main-forte *de toute personne quelconque.*

Cette obéissance est expressément enjointe aux per-sonnes requises, sous les peines portées par l'art. 475 du Code pénal, contre ceux qui, le pouvant, auront refusé ou négligé de faire les travaux, le service, ou de prêter le secours dont ils auront été requis, dans les circonstances d'accidents, tumultes, naufrage, inondation, incendie ou autres calamités, ainsi que dans le cas de brigandages, pillages, flagrant délit, clameur publique, ou d'exécution judiciaire.

Il n'existe pas de disposition de loi expresse pour déterminer le mode à suivre à l'effet de constater le refus d'obéissance à la réquisition de prêter secours ou main-forte. Nous devons recourir, par conséquent, aux termes généraux du droit, et nous adoptons un moyen qui nous paraît en tout légal.

Les agents de la force publique, tels que les gen-darmes, les gardes champêtres et forestiers, peuvent être chargés, d'après l'article 72 du décret du 18 juin 1811, de citations, notifications et significations; et en usant du moyen permis par cet article, on arrivera facilement à constater le refus d'obéissance à la réqui-sition écrite du fonctionnaire; car le droit de notifi-cation de l'acte doit nécessairement comprendre le droit de certifier le refus de soumission.

=MODÈLE DE RÉQUISITION.

Nous, maire de la commune de   canton de
arrondissement de   département de

> Ou adjoint, en l'absence du maire, ou délégué du maire de la
> commune de, etc.

> Ou membre du Conseil municipal, en l'absence du maire et de
> l'adjoint, ou délégué du maire ;

Requérons, en vertu de la loi et sous les peines de l'art. 475 du Code pénal ;

Le nommé Jacques B..., domicilié dans cette commune, de venir au **secours** et de prêter main-forte à l'autorité (*expliquer l'exécution ou la mesure à prendre*); chargeons le garde champêtre de cette commune, **agent** de la force publique, de la notification de la présente réquisition, en **conformité** à l'art. 72 du décret du 18 juin 1811.

Fait à   le   mois   an

Signature.

= MODÈLE D'ACTE DE SIGNIFICATION.

L'an mil   et le   du mois de   heure
de

A la requête de M. le maire de la commune, et en vertu de sa com-**mission** en date de ce jour ;

Je (*nom, prénoms*), agent de la force publique, garde champêtre de la commune de   canton de   arrondissement de   département de   me suis transporté au domicile du nommé Jacques B..., auquel j'ai fait connaître et remis la réquisition de M. le maire, et l'ai requis de me suivre. A quoi il m'a répondu qu'il refusait de se rendre à l'injonction à lui faite (*indiquer les motifs s'ils sont donnés*).

De laquelle déclaration j'ai dressé le présent acte pour valoir ainsi que de droit.   *Signature.*

Nous pensons que la seule signature de l'agent chargé de cette signification suffirait pour autoriser des poursuites, et qu'il ne serait pas nécessaire que cet acte fût écrit de sa main.

Ces pièces seront transmises au procureur du roi avec les autres renseignements à l'appui.

= Dans le cas de réquisition faite verbalement, nous devons distinguer, si la réquisition émane de la personne du maire ou de l'adjoint; la constation du fait de refus d'obéissance de la personne requise rentre dans les contraventions et délits ordinaires, et, par conséquent, les fonctionnaires dénommés, en leur qualité d'officiers de police judiciaire auxiliaire, peuvent en constater l'existence par procès-verbal.

Mais, si les fonctions de police municipale sont remplies par un membre du conseil municipal, il joindra à son rapport le nom des personnes qui ont été témoins du refus d'obéir de la part de la personne requise.

= Le Code d'instruction criminelle revêt le fonctionnaire administratif remplissant publiquement des actes de son ministère, de l'action nécessaire pour maintenir la dignité de ses opérations.

Les préfets, sous-préfets, maires, adjoints, officiers de police administrative (1) ou judiciaire, lorsqu'ils rempliront publiquement quelques actes de leur ministère, exerceront aussi les fonctions de police réglées par l'article 504; et après avoir fait saisir les perturbateurs, ils dresseront procès-verbal du délit, et enverront le procès-verbal s'il y a lieu, ainsi que les prévenus, devant les juges compétents (art. 509).

---

(1) Le membre du conseil municipal est nécessairement compris dans la qualification d'officier de police administrative, toutes les fois qu'il remplace le maire ou l'adjoint, conformément aux lois des 21 mars 1831 et 18-22 juillet 1837.

= MODÈLE DE PROCÈS-VERBAL.

L'an   le   du mois de   heure de   nous maire de la commune de   canton de   arrondissement de   département de

Ou adjoint, en l'absence du maire, ou délégué du maire ;

Ou membre du Conseil municipal, en l'absence du maire et de l'adjoint, ou délégué du maire.

Au moment où nous exercions nos fonctions administratives dans le lieu de   situé dans cette commune   le nommé Pierre A..... s'est livré à des violences répréhensibles, outrages et voies de fait (*énoncer la nature des actes*).

En conséquence, nous avons, conformément aux articles 504 et 509 du Code d'instruction criminelle, fait arrêter le nommé Pierre A........ domicilié à   profession de   et rédigé le présent procès-verbal, qui sera envoyé, ainsi que le prévenu, devant le procureur du roi de l'arrondissement de

Fait à   lesdits an, jour et heure que dessus.

Signature.

= Le fonctionnaire public non revêtu de ses marques distinctives ne conserve pas moins, dans l'exercice de ses attributions, le caractère public et la puissance que la loi lui confère.

Il appartient aux tribunaux d'apprécier la bonne foi de l'individu coupable de désobéissance ou d'outrage envers la personne du fonctionnaire public, revêtu ou non revêtu des insignes de ses fonctions. Cependant cette marque distinctive qui parle aux yeux peut ajouter à la force morale du fonctionnaire ; et c'est agir toujours sagement que d'en décorer sa personne dans les opérations de quelque importance.

§ X.

Maires et adjoints considérés comme officiers de police judiciaire auxiliaire du procureur du roi.

= La police judiciaire recherche les délits que la police administrative n'a pu empêcher de commettre, en rassemble les preuves et en livre les auteurs aux tribunaux chargés par la loi de les punir. (Loi 3 brumaire an IV - 25 octobre 1795.)

La police judiciaire recherche les crimes, les délits et les contraventions, en rassemble les preuves et en livre les auteurs aux tribunaux chargés de les punir (art. 8, Code d'inst. crim.).

= Le principe de la division du pouvoir administratif et du pouvoir judiciaire est clairement caractérisé par la loi constitutionnelle du 3 brumaire an IV.

Cette division marquée des pouvoirs assure le jeu régulier des institutions du pays. La loi conférant des

pouvoirs d'action, devait nécessairement en détermi-
ner la nature et les limites ; car le bon ordre des intérêts sociaux sera d'autant mieux assuré, que la
puissance d'action des pouvoirs préposés à la garde de
ses diverses parties sera plus sagement pondérée et
caractérisée dans le principe de nos lois constitutionnelles.

Les dispositions législatives de la division des pouvoirs conduisent, comme nous l'avons déjà observé,
à des conséquences différentes d'action, dont les résultats doivent être bien compris ; il est, d'après nous,
de la plus haute importance et d'un usage salutaire,
pour s'identifier à notre principe gouvernemental,
de ne pas confondre les attributions des pouvoirs,
dans l'emploi des moyens d'action qui lui sont conférés.

Le choix en est facile lorsque les actes n'ont aucun
caractère de ressemblance, mais le choix est plus épi-
neux si la nature des actes touche, par quelque point,
à l'ordre du pouvoir placé à côté. Nous voudrions
pouvoir rendre notre langage assez clair pour espérer
d'être compris par tous les fonctionnaires qui sont
l'objet de nos instructions. Le mécanisme de nos
intitutions devrait devenir familier à tous. L'appréciation sainement faite du gouvernement constitutionnel donnerait indubitablement des garanties
d'ordre et de stabilité ; et, par conséquent, une proie
immense échapperait à l'influence pernicieuse des
esprits aventureux. Le temps doit nous conduire à
ce résultat ; mais un langage, peut-être nouveau pour
beaucoup, peut aider à ce progrès du temps.

= **Dans le chapitre précédent, nous avons indiqué**

quelques exemples des causes qui doivent déterminer l'action de la police administrative ou préventive (voir pages 127, premier alinéa, et 128, premier alinéa).

Cette action est placée en permanence dans les mains du maire, mais elle n'est qu'accidentelle dans la personne de l'adjoint, c'est-à-dire que ce dernier fonctionnaire n'est appelé à exercer l'action des pouvoirs administratifs, qu'en l'absence du maire ou par la délégation qu'il en reçoit de ce magistrat.

DANS L'ORDRE JUDICIAIRE CRIMINEL, le caractère d'officiers de police judiciaire et auxiliaires du procureur du roi, que les articles 9 et 50 du Code d'instruction criminelle attribuent aux maires et adjoints, n'est pas accidentel dans la personne de l'adjoint.

Le maire et l'adjoint exercent concurremment les attributions conférées à l'officier de police judiciaire et auxiliaire du procureur du roi. L'établissement du fait de l'absence ou de l'empêchement du maire est inutile, l'adjoint tient ses pouvoirs directs du Code d'instruction criminélle : il agit de son propre mouvement.

Ainsi, le caractère d'officier de police judiciaire et auxiliaire du procureur du roi est permanent, dans la personne de l'adjoint, comme dans la personne du maire. L'exercice de l'action publique lui est également ouvert pour tout fait criminel tenté ou accompli; également, force est due à ses réquisitions et foi à ses procès-verbaux d'instruction criminelle, ou de constatation des délits, conséquence légale de l'indivisibilité du ministère public et de la permanence du principe de son action.

Il est utile que les maires et adjoints se pénètrent de la haute idée qu'ils font cause commune avec les officiers du ministère public, dans l'intérêt de la sûreté sociale. Ces fonctionnaires ne doivent pas oublier qu'ils sont les sentinelles vigilantes du procureur du roi, dans l'étendue de son arrondissement.

= L'institution du ministère public, dont l'organisation première remonte à des temps reculés, comprend dans ses attributs principaux l'exercice de l'action publique.

L'action publique est l'action qui appelle la peine sur les actes qui portent atteinte à l'ordre social. Chez des peuples anciens (les Romains) l'action publique était une arme que tout citoyen quelconque pouvait saisir. Cette liberté était évidemment dangereuse, et trop souvent l'action publique devenait un instrument d'un esprit de haine et de vengeance.

Ces dangers ne sont pas dans notre droit criminel. Cette action protectrice et vengeresse de l'ordre social reste entière et calme dans les mains impartiales du magistrat du ministère public, dont la voix seule peut en réclamer la conséquence pénale.

Le droit de poursuite du ministère public s'étend, en général, à tous *les faits qualifiés crimes, délits et contraventions*.

Le ministère public est appelé par la loi à poursuivre d'office tous les actes réprimés par nos lois pénales.

= Le fait d'adultère, qui ne peut être poursuivi que sur la plainte du mari, est une exception au droit des poursuites d'office du ministère public.

Le mari peut même arrêter le cours des poursuites, s'il consent à reprendre sa femme.

Un fait d'adultère connu blesse la morale, mais ce fait, coupable envers les liens sacrés du mariage, ne porte cependant aucun préjudice aux intérêts de la société. C'est un délit privé envers le mari, juge de la nécessité d'une répression dont la publicité pourrait aggraver l'offense.

Une action n'est coupable et ne mérite un châtiment que lorsqu'elle résulte d'une volonté libre de violer la loi.

Les cas de force majeure, de légitime défense et l'état de démence (1) au moment de l'action, sont des excuses valables aux yeux de la loi. Ces cas justifient complétement l'action.

Les articles 319 et 320 du Code pénal renferment une sage exception au principe légitime qu'une action n'est punissable que lorsqu'elle résulte d'une volonté libre de violer la loi, et cette exception résulte de l'action commises par *maladresse* ou *imprudence*.

Les liens de famille qui unissent le mari à la femme, ceux du sang, les enfants aux père et mère, ascendants, descendants et alliés au même degré, ont paru

---

(1) La loi du 30 juin 1838 sur les aliénés confie au pouvoir administratif le soin de pourvoir à la sûreté publique vis-à-vis des personnes aliénées.

L'article 19 autorise à prendre toutes les mesures provisoires nécessaires contre la personne aliénée, à la charge d'en référer dans les vingt-quatre heures à l'administration supérieure.

Dans toutes les communes où il existe des hospices ou hôpitaux, les aliénés ne pourront être déposés ailleurs que dans les hospices ou hôpitaux. Dans les lieux où il n'en existe pas, les maires devront pourvoir à leur logement soit dans une hôtellerie, soit dans un local loué à cet effet.

Dans aucun cas, les aliénés ne pourront être ni conduits avec les condamnés ou les prévenus, ni déposés dans une prison (art. 24).

au législateur un motif suffisant pour créer une exception dans les poursuites qu'autorise l'action du vol.

L'article 380 du Code pénal, en déclarant que les soustractions commises par les personnes ci-dessus dénommées, les unes au préjudice des autres, ne donnaient lieu qu'à des réparations civiles, a rendu, par cela même, inutile l'intervention du ministère public.

Mais ces dispositions ne sont pas applicables à tous autres individus qui auraient recélé, ou appliqué à leur profit les objets volés.

Il résulte, des observations précédentes, que l'exercice de l'action publique n'est un moyen efficace que lorsque le fait qui provoque des poursuites ne se trouve pas compris dans le nombre des exceptions admises par loi pénale (1).

== Mais le concours des officiers auxiliaires, dans l'œuvre de bien public que les magistrats du parquet ont mission d'accomplir, leur commande une attention sérieuse et une exactitude non moins soutenue à transmettre, au procureur au roi, les circonstances des faits qu'ils signalent à la justice.

L'officier de police ne doit pas oublier que l'action répressive doit être prompte. Il remplira son devoir, en faisant des efforts pour comprendre le caractère véritable de l'action publique ; alors, l'usage salutaire de sa puissance sera, dans ses mains, d'une application facile, et les attentats au bon ordre utilement réprimés.

(1) La loi du 26 mars 1819 énonce également certains cas où l'action du ministère public est suspendue.

Ce dernier résultat sera d'autant mieux obtenu, que l'action publique s'exercera seulement dans la personne des fonctionnaires investis des pouvoirs qu'elle attribue.

Nous avons indiqué, au commencement de ce chapitre, les fonctionnaires administratifs des communes qui sont appelées, par le Code d'instruction criminelle, au pouvoir de l'exercice de l'action publique.

Notre économie, dans la dévolution des pouvoirs conférés par le Code d'instruction criminelle, est non-seulement conforme à la saine interprétation de la législation criminelle, mais elle doit donner en général, dans la pratique, une certitude plus grande de mieux faire, par la raison que la responsabilité de l'exercice de ces pouvoirs pèsera sur un plus petit nombre de personnes. C'est ce que nous avons déjà observé dans le précédent livre.

= *L'action de la justice répressive* commence au moment où s'accomplit le crime ou dans un temps plus ou moins éloigné de sa consommation.

Toute tentative criminelle suivie d'un commencement d'exécution est assimilée à l'attentat lui-même.

Le complice d'un fait criminel appelle les résultats de l'action publique, comme l'auteur principal du fait consommé.

La complicité découle de la nature de différents faits. Elle résulte ordinairement de la participation prise au fait principal, soit en l'aidant, le conseillant ou en facilitant les moyens d'arriver à la perpétration du crime ou du délit.

La même règle est applicable aux recéleurs, c'est-à-dire, à ceux qui reçoivent les produits des crimes ou délits ; le recel des instruments du crime, ou de la personne du coupable, fait naître la présomption de complicité.

= Cependant, l'homme qui conçoit le projet d'un crime n'est pas encore coupable aux yeux de la loi écrite. Cette pensée criminelle blesse le for intérieur de l'âme honnête, mais l'homme, d'ailleurs, ne doit pas compte de sa pensée.

Les menaces ne donnent lieu à l'action publique que dans les cas spécifiés par les articles 305, 306 et 436 du Code pénal, c'est-à-dire, contre quiconque aura menacé, par écrit anonyme ou signé, d'assassinat, d'empoisonnement, d'incendie, ou tout autre attentat contre les personnes ; ou si la menace avait été faite avec ordre de déposer une somme d'argent dans un lieu indiqué, ou de remplir toute autre condition.

Le menace écrite, quoique sans ordre ou condition, est également punissable.

La menace verbale l'est aussi, lorsqu'elle est faite *avec ordre* ou *sans condition* de faire une chose exigée par celui qui menace d'un attentat contre la personne ou contre la propriété.

La loi ne prononce aucune peine contre la simple menace qu'un moment de colère peut produire et qu'un moment de réflexion peut bientôt dissiper.

La menace avec ordre, ou sous condition, au contraire, peut avoir pour effet de faire obéir l'homme timoré à des injonctions qui lui sont faites pour se garantir du mal dont il est menacé.

= L'action publique est indépendante de l'action civile, et la renonciation de la personne lésée à des dommages et intérêts, ne peut arrêter l'effet de la vindicte publique; le complice n'est point dégagé des effets de l'action publique par la mort de l'auteur de l'action.

La mort du prévenu, la prescription ou l'amnistie du crime sont les seules circonstances qui éteignent l'action publique.

L'action publique résultant d'un crime emportant peine afflictive ou infamante se prescrit par dix années révolues, à compter du jour où le crime a été commis.

Si, dans cet intervalle, il a été fait des actes d'instruction ou de poursuite non suivis de jugement, l'action publique ne se prescrit qu'après dix années révolues, à compter du dernier acte.

La prescription de l'action publique, pour un fait de nature à être puni correctionnellement, est réduite à trois années révolues, à compter du jour où le délit a été commis, et avec la même distinction précédente, si des poursuites ont eu lieu.

L'action publique pour une contravention de police se prescrit après une année révolue, à compter du jour où elle aura été commise; mais avec cette différence, que la prescription s'accomplit par l'année révolue, même lorsqu'il y aura eu procès-verbal, saisie, instruction ou poursuite, si, dans l'année, il n'est point intervenu de condamnation.

== Nous avons dit plus haut que l'action de la justice commence au moment où le crime s'accomplit ou lorsque le crime vient de se commettre.

La police judiciaire doit alors agir sans le moindre retard; son action lentement produite peut laisser échapper le coupable et laisser disparaître les traces du crime.

L'officier de police judiciaire auxiliaire doit cependant se prémunir contre une trop grande précipitation, qui pourrait avoir pour résultat de changer le véritable caractère de l'action judiciaire.

L'action publique doit être provoquée légalement, et, par conséquent, l'exercice de cette action doit être précédé *du flagrant délit, de la clameur publique, de la plainte* ou *de la dénonciation.*

§ XI.

**Principes généraux concernant l'exercice de l'action publique
judiciaire criminelle.**

= Dans les chapitres précédents, nous nous sommes renfermé dans les seules explications qui nous ont paru nécessaires pour que les officiers de police judiciaire auxiliaire qui nous ont principalement occupé, comprissent clairement les caractères publics que la loi leur confère, leurs obligations et l'importance des pouvoirs dont ils sont revêtus.

La même économie guidera notre méthode dans l'exposé des matières des chapitres qui compléteront ce manuel.

= Les lois de police et de sûreté obligent tous ceux qui habite le territoire (art. 3 du Code civil).

La violation de ce principe du droits des gens légitime aussitôt l'action des officiers judiciaires, contre toute personne prévenue d'avoir enfreint les lois de sûreté et les règlements d'administration de police.

= La loi du 13 ventôse an XI établit cependant une exception à ce principe général vis-à-vis des ambassadeurs des puissances étrangères et des gens de leur suite. Ils ne sont pas justiciables des tribunaux français, et on ne peut pénétrer dans leur domicile ; mais on ne doit pas conclure de cette règle réciproque, de puissance à puissance, que des mesures de sûreté ne puissent être prises.

Le décret du 15 novembre 1811 sur l'université établit aussi un privilége en faveur du corps universitaire. Ce privilége consiste en ce qu'aucun officier de police, ou de justice, ne peut pénétrer dans un établissement universitaire, s'il n'est porteur d'une autorisation spéciale et écrite émanant du procureur général, de l'un de ses substituts, du procureur du roi ou du substitut, à l'effet de procéder à la constatation d'un délit, ou pour mettre à exécution un mandat d'amener ou d'arrêt décerné contre les membres de l'université, ou les élèves ; mais l'article 157 du décret de 1811 fait lui-même une exception à ce privilége en présence de *flagrant délit*, en cas d'incendie, ou de secours réclamés de l'intérieur de l'établissement.

Aucun pair ne peut être arrêté que de l'autorité de la Chambre, et jugé que par elle en matière criminelle (Art. 29, Charte constitutionnelle).

Aucun membre de la Chambre des députés ne peut, pendant la durée de la session, être poursuivi ni arrêté, en matière criminelle, *sauf le cas de flagrant délit*, qu'après que la Chambre a permis sa poursuite (Art. 44).

La rédaction de l'article 29, quoique plus laconique que celle de l'article 44, ne donne pas aux membres de la Chambre des pairs un privilége plus étendu. Ce privilége est également limité à la durée de la session.

La Charte constitutionnelle déclare illicite et nulle de plein droit toute assemblée de la Chambre des pairs qui serait tenue hors du temps de la session de la Chambre des députés. La session des deux Chambres devant se clore en même temps, la durée du privilége créé par l'article 29 de la Charte ne peut, par conséquent, se prolonger au delà de la clôture des Chambres.

L'exception déterminée par l'article 44, en cas de flagrant délit, doit s'étendre aux membres de la Chambre des pairs. L'égale puissance politique des deux chambres doit établir une règle commune de privilége comme d'exception. Cela résulte encore des dispositions de l'article 124 du Code pénal.

Seront comme coupables de la forfaiture, punis de la dégradation civique, tout *officier de police judiciaire*, tous procureurs généraux ou du roi, tous substituts, tous juges qui auront provoqué, donné ou signé une ordonnance ou un mandat tendant à la poursuite personnelle ou accusation soit d'un ministre, soit d'un membre de la Chambre des pairs, de la Chambre des députés ou du Conseil d'État, ou qui, hors *des cas de flagrant délit ou de clameur publique*, auront, sans les mêmes autorisations, donné ou signé l'ordre ou le mandat de saisir ou arrêter *un ou plusieurs ministres*,

ou *membres de la Chambre des pairs,* de *la Chambre des députés* ou *du Conseil d'État.*

Les délits personnels emportant peine afflictive ou infamante, commis par un membre du Conseil d'État, sont poursuivis devant les tribunaux ordinaires, après qu'une délibération du corps auquel le prévenu appartient a autorisé cette poursuite (Art. 70, loi du 22 frimaire an viii-13 décembre 1799).

Les ministres prévenus de délits privés emportant peine afflictive ou infamante, sont considérés comme membres du Conseil d'État.

L'égide de la loi protége par conséquent les hauts fonctionnaires dont nous venons de parler, dans toutes les actions qui leur sont personnelles, et qui portent avec elles un caractère non flagrant de criminalité.

L'article 75 de la loi de l'an viii étend ce privilége aux agents du gouvernement qui ne peuvent être poursuivis pour des faits relatifs à leurs fonctions, qu'en vertu d'une décision du Conseil d'État; mais pour tous autres faits qui n'ont pas lieu dans l'exercice de leurs fonctions ou à l'occasion de leurs fonctions, les agents compris dans l'article 75 sont soumis à la règle commune de poursuite à tous autres citoyens (1).

= Le cas de flagrant délit est l'exception générale

---

(1) Les fonctionnaires qui rentrent, aux termes de l'art. 75 de la loi de l'an **viii**, dans la qualification d'agents du gouvernement, sont principalement les maires, adjoints, membres du conseil municipal remplaçant le maire, employés de l'enregistrement, comptables, directeurs des postes, directeurs des poudres et salpêtres, entrepreneurs des travaux publics, administrateurs de bureau de bienfaisance, fabriciens, vérificateurs des poids et mesures, membres de l'université, etc., etc.

apportée au privilége établi par les lois en faveur d'une classe de citoyens chargés d'un service public, et dont la dignité ne pouvait tomber à la merci de poursuites légèrement exercées. Là sûreté publique, comme le besoin de ne point laisser échapper des preuves actuelles et évidentes du crime, ont sagement autorisé, en cas de flagrant délit, une exception à une règle elle-même d'exception au principe fondamental de notre droit public, que nous rappelons à l'alinéa suivant.

= Les Français, dit la Charte constitutionnelle, sont égaux devant la loi, quels que soient d'ailleurs leurs titres et leurs rangs.

La loi constitutionnelle, proclamant l'égalité de tous devant la loi, devait également protéger la liberté individuelle des citoyens français.

Leur liberté individuelle est également garantie, personne ne pouvant être poursuivi ni arrêté que dans les cas prévus par la loi et dans les formes qu'elle prescrit (art. 4).

La constitution du 22 frimaire an VIII avait pris le soin d'indiquer le respect dû au domicile du citoyen.

La maison de toute personne habitant le territoire français est un asile inviolable.

Pendant la nuit, nul n'a le droit d'y entrer que dans le cas d'incendie, d'inondation ou de réclamation faite dans l'intérieur de la maison.

Pendant le jour, on peut y pénétrer pour un objet spécial déterminé, ou par une loi, ou par un ordre émané d'une autorité publique (art. 76).

Aux termes de la loi du 11 frimaire an VII, la nuit, depuis le 1er octobre jusqu'au 31 mars, commence à

six heures du soir et finit à six heures du matin, et depuis le 1er avril jusqu'au 30 septembre, elle commence à neuf heures du soir et finit à quatre heures du matin.

Il est bon, cependant, d'observer qu'il est permis de s'introduire dans les lieux ou maisons publiques jusqu'à l'heure indiquée par les règlements. Observons également que les opérations commencées avant l'heure de la nuit ne doivent pas cesser lorsque ce moment est arrivé. La continuation peut s'en opérer lorsque cette mesure paraît convenable. Disons aussi que l'heure de la nuit indiquée par la loi de l'an VII est plutôt *démonstrative* que *limitative*.

Les préceptes des lois constitutionnelles que nous venons d'indiquer sont obligatoires pour tous; mais ils doivent nécessairement s'adresser plus directement à l'officier de police judiciaire, chargé par la loi de concilier les justes exigences des garanties dues aux libertés individuelles, avec la nécessité urgente de comprimer les attentats contre le bon ordre des intérêts sociaux.

= La légalité est un besoin de l'époque actuelle; il importe, par conséquent, de revêtir l'action publique, dans son exercice, de tout son caractère légal pour ne pas altérer dans nos mœurs sa dignité, et pour lui conserver par ce moyen toute la puissance de sa force morale.

Deux moyens doivent conduire à ce résultat :

1° *La connaissance* bien comprise de l'action qui réside dans la personne du fonctionnaire, seul investi de l'exercice de cette action. C'est l'objet de nos observations dans les chapitres précédents.

2° *La connaissance* clairement établie de la nature du fait criminel qui appelle l'exercice de cette action, et que nous caractérisons par les termes de la loi dans l'alinéa suivant.

= L'infraction que les lois punissent d'une peine *afflictive ou infamante* est un *crime*.

L'infraction que les lois punissent des peines *correctionnelles* est un *délit*.

L'infraction que les lois punissent *de peines de police est une contravention* (art. 1ᵉʳ, Code pénal).

La nature des infractions graduées par la loi doit déterminer de la part de l'officier de police judiciaire auxiliaire, une action conforme à la gravité des crimes et délits, joints à la circonstance flagrante desdits crimes et délits, ou aux cas assimilés aux délits flagrants.

= Les crimes sont réputés *matériellement flagrants* lorsque le corps du délit est encore exposé à la vue : par exemple, un homme assassiné, une maison incendiée, les fractures opérées pour commettre le vol.

Le caractère de flagrant délit se retrouve dans les deux circonstances suivantes : Lorsque le prévenu, dans un temps voisin du crime, est poursuivi par la clameur publique, ou lorsqu'il est trouvé saisi d'effets, armes, instruments ou papiers faisant présumer qu'il est auteur ou complice.

Il y a encore assimilation au flagrant délit, si le corps du délit reparaît dans un temps plus ou moins éloigné de sa perpétration.

La découverte de l'instrument qui a servi à commettre le crime, fait considérer le crime comme flagrant. La réquisition d'un chef de maison assimile l'action qu'elle provoque à celle du flagrant délit.

. Par chef de maison, on doit entendre le propriétaire, le principal locataire et le locataire de chaque appartement.

= Les faits qualifiés *crimes par la loi*, autorisent, en cas de flagrant délit, ou dans les cas assimilés au flagrant délit, l'arrestation immédiate du prévenu, même par les soins de toute personne, et par mesure de sûreté publique.

Le législateur n'a dû laisser d'ailleurs, dans aucun cas, la société désarmée; la défense réciproque est de droit naturel, et la vérité de ce principe est en effet confirmée par les dispositions du Code d'instruction criminelle.

Tout dépositaire de la force publique, et *même toute personne*, sera tenu de saisir le prévenu surpris en flagrant délit, ou poursuivi, soit par la clameur publique, soit dans les cas assimilés au flagrant délit, et de le conduire devant le procureur du roi, sans qu'il soit besoin de mandat d'amener, si le crime ou délit emporte peine afflictive ou infamante (art. 106).

Le crime flagrant commande à l'officier auxiliaire une seconde opération non moins importante, et qui consiste à procéder *à des visites domiciliaires* chez les personnes prévenues ou gravement présumées auteurs ou complices de l'attentat.

La saisie des instruments du crime, celle des objets qui en proviennent, ou qui donnent la preuve que la personne gravement soupçonnée est l'auteur ou le complice du crime, doit en effet s'opérer le plus ordinairement au domicile des prévenus.

= *L'infraction* que la loi punit des simples peines

correctionnelles a moins de gravité dans ses conséquences ; aussi, les mesures à prendre contre les prévenus exigent-elles moins de rigueur.

Nous n'hésitons pas cependant à nous ranger à
cette opinion, qu'aux termes généraux du droit criminel, le simple délit flagrant autorise l'arrestation
du prévenu présent, et doit même provoquer dans certains cas, de la part de l'officier judiciaire, les visites
domiciliaires qui établiraient les preuves du délit.

Nous estimons qu'en cas de flagrant délit simple,
il est au pouvoir de l'officier de police auxiliaire de
procéder aux actes de procédure qu'il jugera utiles
pour établir la preuve du délit, tels que la constatation des lieux du délit, et la consignation dans son
procès-verbal de la déclaration des témoins.

L'intérêt du bon ordre, moins gravement compro-
mis, ne peut être un motif pour désarmer l'action
publique chargée de préparer, par tous les moyens
légaux, la bonne justice dispensatrice des peines.

= MODÈLE DE PROCÈS-VERBAL DE DÉLIT CORRECTIONNEL
FLAGRANT (1) (Voir page 141, 2ᵉ alinéa, ce qu'on entend par délit
non flagrant.)

Nous maire ou adjoint de la commune de   canton de
arrondissement de   département de   officier de police
judiciaire ;

Sur l'avis qui nous a été donné, ou instruit par la clameur publique,
d'un délit commis à....

Nous nous sommes de suite transporté sur les lieux, et il nous a été
rapporté (*énoncer les faits*).

Nous avons nous-même reconnu (*rapporter les indices du délit*, ou

(1) Si le délit n'était pas flagrant, la forme du procès-verbal serait la même,
moins la perquisition domiciliaire et l'arrestation du prévenu, qui, dans le cas
de flagrant délit, peuvent avoir lieu (Voir p. 138, 2ᵉ alinéa, et p. 132, 1ᵉʳ
alinéa), *et dont mention de ces mesures prises contre le prévenu et son domicile*
serait faite au procès-verbal.

décrire le corps du délit, s'il est apparent, comme s'il s'agissait, par exemple, de plantations coupées ou d'animaux mutilés ou tués, etc.)

A peu de distance du lieu du délit, nous avons trouvé un instrument (*en rapporter la nature*) qui paraît avoir servi à commettre ledit délit, ou tel objet nous a été remis ; nous l'avons pris et retenu comme pièce de conviction.

Nous avons fait appeler à notre procès-verbal les nommés.... témoins du délit, qui nous ont déclaré (*consigner leur témoignage*).

Des renseignements ci-dessus consignés, il en résulte que le nommé..... est gravement soupçonné d'être l'auteur du délit ; en conséquence, nous avons ordonné son arrestation (1) (*si le prévenu se trouve dans les cas énoncés-ci après*, page 141 et 1er alinéa). Ledit nommé.... sera de suite transféré par-devant M. le procureur du roi, ainsi que les pièces de conviction, et ensemble notre procès-verbal. (*Les pièces de conviction et le procès-verbal seraient les objets à faire parvenir au procureur du roi, si l'arrestation du prévenu n'est pas commandée par les considérations indiqués ci-après, 1er alinéa*).

Signature.

Cette règle devient d'ailleurs obligatoire pour l'officier judiciaire, dans le cas de crime ou délit même non flagrant, commis dans l'intérieur d'une maison, lorsque le chef de cette maison en requiert la constatation (articles 46 et 49, Code d'inst. crim.).

= Sans doute, la liberté de l'homme est chose assez précieuse pour approuver, dans la pratique, la prudente réserve qui sera toujours mise pour les arrestations des prévenus de simples délits, et *cette mesure ne peut être sagement prise que vis-à-vis des personnes inconnues, sans domicile, ou lorsque leur domicile est incertain. La moralité entièrement flétrie* du prévenu est une cause suffisante pour placer de suite sa personne sous la main de la justice.

Non-seulement la peine immédiate infligée au prévenu mal famé est d'un exemple de bonne moralité,

(1) Modèle de mandat d'amener (Voir modèle, p. 161).

mais il est juste encore, dans les circonstances énon-
cées précédemment, de garantir à la vindicte publique les moyens d'arriver à la réparation légitime
qu'elle doit obtenir, par la punition de celui qui s'est
rendu coupable d'un fait qualifié délit.

== Le caractère du simple délit flagrant est encore
celui du fait d'un individu *s'emparant furtivement*
d'un objet quelconque appartenant à autrui.

Le cas assimilé au flagrant délit est aussi *la clameur
publique*, poursuivant la personne du prévenu qui
vient *de commettre une action caractérisée délit* par la
loi, ou qui est encore munie *du corps du délit* (voir
page 137, deuxième alinéa).

== *Les crimes et délits* non flagrants sont ceux qui
ne sont signalés que par des indices imparfaits, ou
dont l'exécution, remontant à une époque éloignée,
ne laisse aucune trace matérielle du crime ou du
délit commis.

L'officier de police judiciaire auxiliaire peut en ac-
quérir aussi la connaissance *par la plainte, la dénonciation, ou par la rumeur publique.*

La plainte est l'acte par lequel un individu se plaint
d'avoir été victime d'une mauvaise action. *L'officier
auxiliaire* a capacité pour en recevoir la déclaration,
et il manquerait à ses devoirs s'il refusait d'agréer la
plainte, lors même que le fait lui paraîtrait douteux,
à moins qu'il lui parût évident que le fait signalé ne
constitue ni crime ni délit; la vindicte publique serait alors entièrement désintéressée (1).

(1) Les juges de paix, les officiers de gendarmerie, et les commissaires de
police ont le caractère d'officiers de police auxiliaire du procureur du roi,
comme les maires et adjoints (art. 48 et 49, Code d'inst. crim.).— Les com-

= MODÈLE DE PROCÈS-VERBAL DE PLAINTE.

L'an   et le   du mois de
à heure de

par devant nous, maire ou adjoint de
la commune de   canton de   arrondissement
de   département de
procédant comme officier de police judiciaire auxiliaire du procureur du
roi, s'est présenté le sieur Antoine C...., propriétaire domicilié à
lequel nous a exposé que (*détailler les faits de la plainte*)
            ledit sieur Antoine C.... nous a déclaré qu'il dénonce les
faits dans l'intérêt de la vindicte publique, et qu'il n'entend pas se
porter partie civile (1).

Le plaignant, à l'appui de sa déclaration, nous a indiqué pour té
moins :

1° Le nommé
2°
3°

Il nous a représenté et remis, comme pièces de convictions, les objets suivants (*décrire les objets*), lesquels objets nous avons scellés et
retenus pour être joints au présent procès-verbal, et pour être de suite
transmis le tout ensemble à M. le procureur du roi, les faits de la plainte
n'ayant pas le caractère de flagrant délit.

De tout quoi nous avons rédigé le présent procès-verbal que ledit
sieur Antoine C.... a signé avec nous, ou a déclaré ne savoir signer, et
avons clos ledit procès-verbal lesdits jour et an que dessus.

                                             Signature.

= La plainte peut être présentée toute rédigée. Le
maire ou l'adjoint peuvent alors se borner à faire si-

missaires généraux de police compris dans l'art. 48, sont supprimés par arrêté des 28 mars et 6 avril 1815.

(1) Tout procès-verbal de plainte, constatant un crime ou un délit dans
l'intérêt de la vindicte publique, doit être rédigé sur papier libre. Ces actes
sont exempts de la formalité de l'enregistrement. Art. 16 et 70 des lois des
13 brumaire et 22 frimaire an VII.

Il en est autrement, lorsque le plaignant déclare vouloir se porter partie
civile, c'est-à-dire obtenir contre le prévenu des dommages-intérêts. Dans
ce cas, la plainte doit être rédigée sur papier timbré et le procès-verbal soumis à l'enregistrement.

gner par le plaignant le contenu de ladite plainte; et si la personne rendant plainte se présentait comme fondée de pouvoir du plaignant, il faudrait avoir le soin de joindre à la plainte la procuration régulièrement légalisée dont serait muni le mandataire.

L'officier judiciaire devrait alors se borner de mettre à la suite de la plainte :

MODÈLE.

La présente déclaration a été présentée à nous, maire ou adjoint de la commune de   officier de police auxiliaire, aujourd'hui, le   du mois de   de l'an   par le sieur Jacques B.....

qui nous a affirmé pour lui (*ou pour le sieur Louis B.... dont il est fondé de pouvoir, ainsi que cela résulte de la procuration ci-jointe*), l'exactitude des faits exposés dans la plainte, et à l'appui desquels des témoins y sont indiqués.

En conséquence, nous avons donné acte de la remise de ladite plainte pour être transmise, en cet état, à M. le procureur du roi avec les pièces de conviction (*s'il en est remis, les décrire*) que nous avons cachetées et scellées.

Le présent acte a été signé par nous et le plaignant (*ou par son mandataire*) lesdits jour et an que dessus, *ou ils ont déclaré* ne savoir signer.

                                        Signature.

Il est superflu d'observer que cet acte de remise peut être rédigé sur un papier différent de celui de la plainte, si l'espace manque à la suite des faits contenus dans la plainte.

= Toute personne qui aura été témoin d'un attentat, soit contre la sûreté publique, soit contre la vie ou la propriété d'un individu, sera pareillement tenue d'en donner avis au procureur du roi, soit du lieu du crime ou délit, soit du lieu où le prévenu pourra être trouvé (art. 30).

La dénonciation civique, consacrée par la loi dans un intérêt commun de bien social, ne ressemble point à la délation bassement dirigée.

En conséquence, pour déterminer l'action prompte de l'officier judiciaire, il faut que cet acte soit empreint d'un cachet loyal et franc; toute lettre anonyme ou signée d'un nom supposé mérite peu de confiance et doit seulement éveiller son attention.

= La *rumeur publique* est un bruit vague qui signale un fait tenté ou accompli; mais ce bruit, s'il prend quelque consistance, doit exciter la sollicitude de l'officier de police judiciaire auxiliaire, et le déterminer à faire des efforts pour s'entourer de tous les renseignements qui pourraient éclairer la justice et provoquer son action.

= Il résulte de tout ce qui précède, que l'officier de police auxiliaire, placé dans le cas de non flagrant délit, doit se borner à recueillir tous les renseignements sur les faits qui lui sont signalés, ou dont il a acquis par lui-même la preuve. Son procès-verbal contiendra les circonstances exactes qui se rattachent au fait répréhensible; il indiquera les témoins, les renseignements sommaires qu'ils auront donnés, et les pièces de conviction qu'ils auraient soumises; *enfin, il transmettra de suite au procureur du roi* ces divers renseignements.

Dans le cas de dénonciation de crimes ou de délits autres que ceux qu'ils sont directement chargés de constater, ces officiers de police judiciaire transmettront aussi, *sans délai, au procureur du roi*, les dénonciations qui leur auront été faites, et le procureur du

roi les transmettra au juge d'instruction avec son réquisitoire (art 54).

Il est facile de comprendre qu'un fait déjà accompli depuis longtemps puisse commander une réserve
d'autant plus sage et prudente, que le temps ne laisse
souvent que des traces et des preuves incomplètes.

Au contraire, dans le cas de flagrant délit dont le caractère éminemment flagrant est déterminé page 137,
deuxième alinéa, et page 141, premier alinéa, l'officier de police judiciaire auxiliaire doit se livrer à
des investigations plus actives et plus sérieuses. Son
action repose sur un fait actuel et patent dont il importe de ne point laisser échapper les indices et les
preuves de toute nature.

Il y a donc utilité d'assurer, dans les circonstances
surtout du crime flagrant, l'action première de l'officier auxiliaire, et les règles d'instruction criminelle
ultérieurement indiquées tendront à obtenir ce dernier résultat.

§ XII.

**Application pratique des règles de l'instruction criminelle.
— Flagrants délits.**

= La nomenclature des infractions que comprend ce chapitre ne porte que sur des faits qualifiés crimes par la loi; pour les délits simples, nous renvoyons aux indications de la page 140, premier alinéa, et page 141, premier et deuxième alinéa, et pour les contraventions, à la page 186 (note) et page 194, deuxième alinéa.

Une nomenclature trop étendue de crimes ou délits aurait indubitablement pour résultat de nous priver du plus utile et du principal mérite auquel nous voudrions arriver, celui d'être c'air.

Nous devons laisser au zèle, à l'intelligence et à la méditation des officiers de police auxiliaire, le soin de faire l'application facile des principes généraux de l'instruction criminelle aux contraventions en général. Par conséquent, nous devons nous borner à un nombre restreint de cas.

Les attentats au premier chef, c'est-à-dire les machinations ou complots contre la vie du roi ou la sûreté de l'État, se trouvent placés en dehors du but de ce manuel. Il suffit d'observer que, dans ces graves circonstances, le patriotisme s'unit à toutes les mesures répressives et légales de la justice.

Nous l'avons déjà dit, notre travail a pour principal but de faciliter aux maires et adjoints, auxiliaires de procureur du roi, les mesures usuelles que commandent les infractions les plus ordinaires; et pour ne pas nous écarter du cadre que nous nous sommes imposé, nous indiquerons seulement les crimes principaux prévus par le Code pénal.

— MEURTRE. — ASSASSINAT.

L'homicide commis volontairement est qualifié *meurtre* (art. 295 Code pénal).

Tout meurtre commis avec préméditation ou guet-apens est qualifié assassinat (art. 296).

La préméditation consiste *dans le dessein formé* avant l'action d'attenter à la personne d'un individu déterminé, ou même de celui qui *sera trouvé ou rencontré*, quand même ce dessein *serait dépendant* de quelque circonstance ou de quelque condition (article 297).

Le guet-apens consiste à attendre plus *ou moins de* temps, dans *un ou divers lieux*, un individu, soit pour lui donner la mort, soit pour exercer sur lui des actes de violence (art. 298).

= Observations applicables à tous les crimes.

A l'événement d'un crime, le premier devoir de l'officier de police judiciaire auxiliaire est d'en instruire aussitôt *le procureur du roi*, ainsi que le prescrit l'article 29 du Code d'instruction criminelle.

Toute autorité constituée, tout fonctionnaire ou officier public qui, dans l'exercice de ses fonctions, acquerra la connaissance d'un crime ou d'un délit, sera tenu d'en *donner avis sur-le-champ au procureur du roi* près le tribunal dans le ressort duquel ce crime ou délit aura été commis ou dans lequel le prévenu pourrait être trouvé, et de transmettre à ce magistrat tous les renseignements, procès-verbaux et actes qui y sont relatifs (art. 29).

Sans perdre de temps, l'officier de police auxiliaire doit se transporter sur le lieu du crime : sa présence sur les lieux est urgente et nécessaire.

L'officier auxiliaire agirait prudemment s'il s'entourait aussitôt des moyens suffisants pour conserver intact le lieu où l'attentat a été commis, ou le fait criminel consommé.

Il peut s'aider de la force publique; les procureurs du roi, et *tous autres officiers de police judiciaire*, auront, dans l'exercice de leurs fonctions, le droit de requérir directement la force publique (art. 25).

La force publique, ainsi que nous l'avons indiqué à la page 115, premier alinéa, se compose :

1° De la gendarmerie ;

2° Des gardes champêtres, gardes forestiers et des employés des douanes;

3° De la troupe de ligne;

4° De la garde nationale.

= MODÈLE DE RÉQUISITOIRE.

Nous maire ou adjoint de la commune de   canton de
                arrondissement de   département de
officier de police auxiliaire du procureur du roi, vu l'art. 25 du Code
d'instruction criminelle ;

Requérons le commandement de la gendarmerie
                ou le commandant de
de prêter main forte à la justice pour un attentat commis (*indiquer le
crime*) dans la commune de
                        Fait à   le
                                        Signature.

Nous avons également rappelé avec raison, à la
page 117, premier alinéa, que l'éloignement de la
force publique, ou l'insuffisance de sa force matérielle,
devaient autoriser la réquisition de toute personne
quelconque.

La réquisition de l'officier public judiciaire est
obligatoire pour tous, sous les peines de l'article 475
du Code pénal.

Modèle de réquisition (voir page 118).

Moyen de la faire signifier à la personne requise
(voir page 117).

Modèle d'acte de signification (voir page 118,
deuxième alinéa).

La réquisition étant verbale, moyen pour constater
le refus d'obéir (voir page 119, premier alinéa).

L'officier auxiliaire doit donner ses soins à laisser
la victime dans la position où la consommation du
crime l'a placée. Il doit veiller attentivement à ce que
rien de ce qui l'entoure ne soit déplacé ou disparaisse
jusqu'à *l'arrivée du procureur du roi et du juge d'instruction*. Cette mesure de surveillance est d'une sage
application pour le plus grand nombre des crimes;

non-seulement elle met à couvert la responsabilité de l'officier auxiliaire pour les premiers actes d'instruction criminelle qui sont de la plus haute importance, mais elle permet encore au procureur du roi et au juge d'instruction, magistrats chargés d'instruire l'affaire dans toutes ses périodes, de se pénétrer, par eux-mêmes, des circonstances apparentes du crime, et d'assister à l'examen du cadavre opéré par les hommes de l'art, dont ils ont le soin de requérir l'assistance.

La vue du théâtre du crime, dans son état complet, ou tel qu'il a apparu, fait naître nécessairement, dans l'esprit des magistrats instructeurs, une conviction plus profonde, et doit exercer une influence salutaire sur les premiers actes d'instruction, comme sur les suites de la procédure criminelle.

Nous devons donc recommander la mesure que nous venons d'indiquer toutes les fois qu'elle sera d'une exécution possible.

= *Au contraire*, si le temps, les lieux et les circonstances s'opposent à son application, alors l'officier auxiliaire doit se pénétrer des mesures suivantes, et faire ses efforts pour en obtenir l'exécution la plus entière.

L'officier judiciaire doit faire cerner le lieu du crime, ordonner que personne ne s'en éloigne (1). Si

(1) Il pourra défendre (le procureur du roi) que qui que ce soit sorte de la maison ou *s'éloigne du lieu* jusqu'après la clôture de son procès-verbal. — Tout contrevenant à cette défense sera, s'il peut être saisi, déposé dans la maison d'arrêt..... (art. 34, Code d'inst.).

C'est le seul cas où l'officier de police judiciaire auxiliaire peut décerner un mandat de dépôt.

MODÈLE DU MANDAT DE DÉPOT.

Nous maire ou adjoint de la commune de

canton de   arrondissement de   département de le lieu est habité, ce moyen est le seul qui puisse concilier le respect dû *pendant la nuit* au domicile du citoyen, avec la mesure urgente d'empêcher l'évasion du prévenu ou la disparition des objets qui peuvent servir de pièces de conviction. Cette mesure a pour but de s'assurer aussitôt de bons témoignages et d'empêcher peut-être l'évasion du coupable parmi les personnes présentes;

« Recueillir les dernières paroles de la victime, si elle peut encore en proférer;

» Interroger avec soin le prévenu dans ce moment de trouble, où la vérité s'échappe plus facilement de sa bouche;

» Interroger les parents, les amis, les voisins, sont autant de précautions qu'on ne saurait négliger sans de graves inconvénients. » (Circulaire de 1827, de M. le procureur général de Riom.)

L'officier de police doit aussi constater par procèsverbal les faits matériels, les circonstances locales qui ont entouré le crime, se saisir des instruments qui ont servi à le commettre, ainsi que des objets qui en portent des marques ou qui pourraient servir à mettre sur la voie du coupable.

officier de police auxiliaire du procureur du roi, opérant conformément à l'article 32 du Code d'instruction criminelle;

Vu l'art. 34 dudit Code d'instruction;

Attendu que le nommé (*énoncer le nom s'il est connu*) est contrevenu à notre défense de s'éloigner du lieu du crime;

Ordonnons à tous agents de la force publique de conduire à la maison d'arrêt de le nommé (*mettre exactement les noms et prénoms*),

Requérons le gardien de ladite maison d'arrêt de le recevoir et de le retenir en dépôt, jusqu'à ce qu'il en soit ordonné autrement sur les poursuites de M. le procureur du roi.

Fait à le

Sceau. *Signature.*

Il doit procéder, en présence du prévenu, aux perquisitions jugées nécessaires à son domicile, comme au domicile de ses complices.

Si le prévenu est absent, un mandat d'amener sera décerné contre lui, et l'exécution en sera remise aux agents de la force publique, qui assisteront les opérations de l'officier de police judiciaire.

MODÈLE DE MANDAT D'AMENER (Voir page 161).

Si l'examen de la personne homicidée, par les hommes de l'art, paraissait devoir promptement s'opérer pour cause de putréfaction du cadavre déjà avancée, ou comme base de mesures urgentes à prendre, l'officier de police auxiliaire doit requérir aussitôt l'assistance d'*un ou de deux médecins* les plus rapprochés du lieu du crime.

L'opinion des hommes de l'art est de la première importance ; elle règle le plus souvent les mesures de la justice : il faut donc s'entourer de l'avis des médecins les plus éclairés, et dont le mérite est le plus reconnu. Dans le médecin expert, les connaissances médicales ne sont pas les seules qualités qui doivent fixer le choix de l'officier de police judiciaire.

La probité de l'homme de l'art et l'indépendance de son caractère sont le complément du bon choix du médecin expert. Sa tâche est délicate et majeure ; le médecin expert rassure souvent la justice dans son action, on dissipe les craintes d'un attentat mal à propos soupçonné.

= MODÈLE DE RÉQUISITION.

Nous maire ou adjoint de la commune de
canton de   arrondissement de   département

de   officier de police auxilaire du procureur du roi;

Vu l'article 44 du Code d'instruction criminelle;

Invitons M.   médecin dans la commune de
canton de   de se transporter immédiatement dans notre
commune au village de   pour procéder à l'examen du cadavre
du nommé   mort assassiné ou présumé décédé de mort
violente.

           Fait   le   l'an

                                  Signature.

Préalablement à l'opération, l'homme de l'art doit prêter serment entre les mains de l'officier judiciaire de procéder, en son honneur et conscience, à l'opération qui lui est confiée.

Le procès-verbal de l'officier judiciaire doit faire mention de la prestation de ce serment.

Cette mention, au procès-verbal, est générale et nécessaire *pour tous experts* opérant pour la justice.

Le premier mérite d'un procès-verbal est d'être dans sa redaction *clair, bref et précis*.

Il doit représenter les circonstances du fait criminel, et contenir le récit fidèle de tout ce qu'a fait l'officier de police judiciaire.

Les pièces de conviction doivent y être détaillées et décrites.

Elles doivent être soigneusement *pliées, fermées et scellées*, suivant la nature des objets qui en composent le nombre.

Le procès-verbal est signé à chaque feuillet par l'officier de police judiciaire; l'article 42 du Code d'instruction criminelle veut également qu'il soit signé de la même manière par les témoins qui ont assisté au procès-verbal du procureur du roi, qui peut cependant dresser les procès-verbaux sans assistance de témoins, lorsqu'il n'y aura pas possibilité de s'en procurer tout de suite.

Les témoins désignés par l'article 42 sont le commissaire de police de la commune dans laquelle le crime ou le délit aura été commis, le maire, l'adjoint ou deux citoyens domiciliés dans la même commune.

Évidemment cette dernière disposition de loi nous paraît avoir pour seul but la garantie donnée au prévenu que l'opération d'un officier de police judiciaire dont la personne peut lui être inconnue, sera légalement et régulièrement faite.

Mais le maire ou l'adjoint de la commune, opérant en personne, donne toute garantie au prévenu de la légalité de ses actes. La personne des magistrats du lieu ne peut être inconnue aux habitants de ce lieu; ainsi, toute assurance d'opération régulière est acquise au prévenu domicilié dans la commune où le maire ou l'adjoint opère.

Nous estimons, par conséquent, que les officiers de police judiciaire auxiliaire dont il s'agit sont dispensés d'appeler des témoins à leurs opérations et rédaction de procès-verbaux, autres que les personnes présentes et dont ils peuvent, cependant, pour plus d'authenticité de leurs opérations, requérir la signature au procès-verbal.

= MODÈLE DE PROCÈS-VERBAL DÉTAILLÉ (1).

L'an   le   du mois de
Nous, maire ou adjoint de la commune de
canton de   arrondissement de   département de
En notre qualité d'officier de police auxiliaire du procureur du roi,

(1) Nous recommandons à l'attention des officiers auxiliaires le modèle de

et agissant en cas de flagrant délit, en conformité aux articles 42, 49 et 50 du Code d'instruction criminelle ;

Instruit par la déclaration du nommé A...

Ou par l'avis qui nous en a été donné ;

Ou par la clameur publique ;

Qu'un homicide a eu lieu sur la personne du nommé Antoine B....., domicilié au village de...., en cette commune.

Nous nous sommes transporté au lieu à nous indiqué, et l'homicide ayant été commis dans sa maison, nous en avons fait garder l'extérieur et les issues, avec défense à qui que ce fût de sortir de la maison, et de s'éloigner du lieu jusqu'à la clôture de notre procès-verbal.

Arrivé dans un appartement à droite donnant sur la cour, aspect du nord, nous avons trouvé réunis les nommés Étienne C... et David M..., et un individu que l'on nous a indiqué comme étant celui qui a été arrêté par les susnommés.

Sur notre interpellation, cet individu a déclaré se nommer Jacob R..., domicilié à..... en cette commune.

Nous avons recommandé de veiller sur ledit Jacob R..., de ne pas permettre qu'il communiquât avec personne, et qu'il pût détruire ou jeter des objets qui seraient suspects.

En présence du prévenu et des personnes ci-dessus dénommées, nous avons, ainsi qu'il suit, constaté le corps du délit et ses circonstances.

Nous avons été introduit, par les gens de la maison, dans une seconde pièce donnant sur le jardin, aspect de midi. Nous avons vu sur un lit, dont les draps, la couverture et les matelas étaient couverts de sang, un cadavre que le nommé Pierre V..., domestique de la victime, et lesdits Étienne C... et David M..., ses voisins, nous ont déclaré être celui du sieur Antoine B..., ce que nous-même avons également reconnu.

Nous avons ordonné à Jacob R... de s'approcher du lit ; mais en

---

ce procès-verbal, dont nous avons choisi l'exemple parmi les cas les plus graves de l'instruction criminelle.

Sans doute, on comprendra que les circonstances d'un attentat de la même nature, ou d'un crime d'une autre espèce, devront nécessairement changer ou modifier certaines parties du procès-verbal.

La série des modèles d'actes qui viennent à la suite est d'une application générale dans l'instruction criminelle ; il suffira, par conséquent, à chaque crime énuméré, de renvoyer à ces mêmes modèles qui seront au besoin des guides faciles à suivre.

présence du cadavre dont il a reconnu l'identité, une émotion visible a paru sur ses traits.

Le cadavre était couché sur le dos, vêtu d'une simple chemise et coiffé d'un mouchoir; la chemise et le mouchoir sont teints de sang; la partie de la chemise portant sur la poitrine est déchirée, et laisse appercevoir une blessure profonde dans la région du cœur.

A peu de distance du lit, était à terre un couteau-poignard. Ce couteau porte le nom de C..., coutelier à Paris. La lame, teinte de sang, a   centimètres de longueur, et   centimètres de largeur.

Dans le corridor qui conduit à la chambre à coucher du défunt, était posée à terre une lanterne sourde. Dans cette lanterne, était un bout de chandelle presque consumé.

Ce corridor est éclairé par une fenêtre donnant sur le jardin, et dont l'ouverture paraît s'être opérée en brisant un carreau. La fenêtre est à un mètre d'élévation du sol. Tous les appartements se trouvent au rez-de-chaussée. La terre, humide et mouillée par la pluie, laisse apercevoir des empreintes de pas au-dessous de la fenêtre du corridor, par où évidemment les assassins ont pénétré dans la maison. L'empreinte de la chaussure indique un soulier qui a laissé la marque bien apparente de trois clous à la semelle.

Aussitôt que nous avons eu connaissance du crime que nous constatons, nous avons pensé devoir nous aider, dans nos opérations, de l'assistance de deux hommes de l'art les plus rapprochés du lieu de l'événement. En conséquence, sur notre réquisition, MM. S... et P..., docteurs en médecine, se sont rendus à notre invitation.

Requis par nous de procéder à l'examen des causes de la mort du sieur Antoine B..., ils ont prêté entre nos mains le serment de faire leur rapport et de donner leur avis en leur honneur et conscience.

L'examen extérieur du cadavre terminé et l'autopsie cadavérique achevée, les hommes de l'art nous ont déclaré que la cause de la mort du sieur Antoine B... provenait d'une blessure qui avait profondément blessé l'organe du cœur, et qui avait été faite par le moyen d'un instrument tranchant.

Que le couteau-poignard trouvé à peu de distance du lit du défunt était l'arme dont s'était servi l'assassin, puisque la lame, teinte de sang, s'adaptait très-bien à la largeur de la plaie extérieure et intérieure.

Ils ont ajouté que l'examen extérieur du cadavre leur avait fait remarquer un gonflement au cou provenant d'une forte pression que cette partie avait dû éprouver. Les doigts de la main droite était crispés, et une tache de sang se faisait remarquer dans l'intérieur du prolongement de l'ongle de l'index. De ces indications, les hommes de l'art ont déclaré devoir conclure que la victime, subitement saisie au cou et fortement pressée, avait voulu repoussé son agresseur, et que le sang qu'on remarquait au-dessous du prolongement de l'ongle de l'index, provenait, indubitablement, d'une égratignure faite à l'assassin.

Nous avons de suite ordonné que l'individu arrêté fût conduit en notre présence, et nous avons requis les hommes de l'art de visiter sa personne. A la première vue, il a été facile de remarquer qu'il portait à la joue droite une légère écorchure, et plusieurs taches de sang se voyaient sur ses vêtements. S'étant mis aussitôt en devoir d'opérer l'examen requis par nous, les médecins nous ont déclaré que la blessure qui existait sur la joue du prévenu était récente, et avait été faite par un corps dur, tranchant et déchirant, tel qu'un ongle ou une épine; que, de l'inspection du cadavre, ils étaient portés à conclure que la marque de sang remarquée au-dessous du prolongement de l'ongle de l'index de la main droite, provenait de la blessure existant sur la joue de la personne soumise à leur examen, et que les taches de sang sur ses vêtements, encore fraîches, ne pouvaient laisser aucun doute que cet individu ne fût l'auteur de l'assassinat que nous constatons.

A notre interpellation, le prévenu s'est borné à répondre qu'il n'était pas l'auteur de la mort du sieur Antoine B..., et il a refusé toute réponse aux autres questions que nous lui avons adressées. De suite nous avons ordonné qu'il fût conduit dans le jardin où nous avions constaté des empreintes de pas. Nous étant emparé des souliers dont il était chaussé, nous avons en effet reconnu que le soulier du pied droit portait trois clous. Nous avons fait l'application du soulier sur les empreintes des pas, et cette application a répondu entièrement à la longueur et à la largeur du soulier. Les clous se sont aussi parfaitement adaptés à la marque des clous figurés sur la terre.

Ces premiers faits constatés, nous avons visité l'appartement où le crime a été commis. Rien n'attestait l'apparence du désordre; mais arrivé en face d'un bureau placé près de la fenêtre, nous nous sommes apperçu que le meuble avait été fracturé, et que son tiroir principal avait été forcé à l'aide d'un instrument dont on s'était servi comme d'un levier, lequel objet nous n'avons pas trouvé.

Le tiroir était vide, et il nous a été attesté que le défunt, propriétaire aisé, avait l'habitude de placer son argent dans ce tiroir.

Continuant nos informations, nous avons interrogé les personnes présentes. Les nommés Étienne C... et David M... nous ont déclaré qu'avant le jour, ils ont été attirés par des cris partant de la maison du sieur Antoine B..., leur voisin, et qu'ayant accouru, ils se sont trouvés bientôt en face d'un homme qui sortait de ladite maison, et qu'aussitôt ils se sont mis en devoir de l'arrêter. Ils ont ajouté qu'ils ont aperçu une seconde personne s'éloignant de la maison ; mais que le jour à peine apparent n'avait pas permis de reconnaître l'individu qui s'éloignait précipitamment.

Convaincu que cette personne ne pouvait être que le complice du nommé Jacob R..., nous nous sommes empressé d'obtenir les renseignement qui pourraient nous en découvrir les traces, et il est résulté des renseignements dont nous nous sommes à l'instant entouré, que, dans la journée qui a précédé le crime, le nommé Jacques E..., voisin du prévenu, a été constamment à sa compagnie. Sur cette indication grave, nous nous sommes de suite transporté au domicile de cet individu, accompagné des personnes qui seront ci-après dénommées au présent procès-verbal, et après avoir recommandé la personne du prévenu arrêté.

Arrivé au domicile dudit Jacques E..., nous avons pénétré dans l'intérieur de sa maison, et nous adressant à Marguerite F..., sa femme, nous avons demandé à parler à son mari. Marguerite F..., nous a répondu que son mari était absent depuis la veille, et que des affaires de famille l'avaient appelé auprès de son père, habitant au hameau de..... de la même commune, et distant d'un myriamètre environ.

En conséquence des circonstances qui nous ont été signalées, nous avons décerné un mandat d'amener (*voir le modèle* p. 161) contre ledit Jacques E... dont l'exécution immédiate a été ordonnée au sieur Guillaume L..., garde champêtre de la commune, accompagné de deux gardes nationaux (*ou de tous autres agents de la force publique*).

Pendant le temps nécessaire à l'exécution du mandat décerné par nous, nous avons continué nos informations, et nous sommes resté au domicile dudit Jacques E... pour exercer notre surveillance, à l'effet que rien ne fût détourné de son domicile. Le temps voulu pour l'exécution du mandat s'étant écoulé, les agents chargés de son exécution nous ont remis ledit mandat d'amener, et la signification au domicile du père dudit Jacques E... qui n'a pas été trouvé au domicile indiqué.

L'absence du prévenu ne pouvant autoriser plus longtemps le délai de la recherche domiciliaire qui devenait urgente, nous nous sommes mis en devoir de procéder à cette opération hors de sa présence.

Nous avons ordonné en conséquence à Marguerite F...., femme E...
nous ouvrir les différents meubles qui garnissaient sa maison, et
les recherches minutieuses que nous avons opérées dans les meubles
n'ont amené aucune découverte; mais ayant poussé nos investigations
dans plusieurs autres endroits de la maison, et particulièrement dans
un lit placé dans la pièce principale de la maison, nous avons découvert, dans la paillasse dudit lit, un sac de toile grise contenant une
somme d'argent.

Ce sac remis entre nos mains, nous en avons examiné le contenu,
compté les espèces, qui se sont montées à la somme de 500 fr. en pièces de 5 fr., et de deux pièces d'or de 20 fr., somme exactement la même
que celle indiquée par une note renfermée dans le sac, et dont l'écri-
ture a été reconnue pour être celle du sieur Antoine B....

Nous avons demandé à Marguerite F..., femme E..., d'où provenait
cet argent trouvé à son domicile, et pourquoi il était caché dans la
paillasse du lit. A cette demande, elle nous a répondu qu'elle ignorait
avoir cette somme d'argent chez elle, et que sans doute, méchamment
et pour compromettre son mari, on avait introduit le sac à l'endroit où
il s'est trouvé.

Ne pouvant découvrir d'autres indices de la complicité du crime que
nous venons de constater, nous avons quitté le domicile du nommé
Jacques E... Nous nous sommes de nouveau rendu au lieu du crime;
nous avons fait apporter un nouvel habillement à l'individu arrêté, et
nous nous sommes emparé des habits qui le couvraient. Ces effets se
composent d'un pantalon, d'un gilet, d'une veste et d'une chemise. Tous
ces objets sont plus ou moins tachés de sang.

Nous avons formé un seul paquet de tous ces effets, que nous avons
entouré d'une bande de papier signée par nous et empreinte de notre
sceau.

Nous avons mis à part le sac d'argent, et nous avons remis dans le sac,
avec les espèces, le papier écrit qu'il contenait. Nous avons également
placé, au nœud du lien qui ferme le sac, une bande de papier signée
par nous et empreinte de notre sceau sur cachet de cire rouge.

Tous ces objets seront immédiatement adressés à M. le procureur du
roi comme pièces de conviction ; l'individu arrêté sera conduit, sur notre réquisition, par-devant ce magistrat, et le mandat d'amener non exécuté, rapports des médecins et autres documents joints audit procès-
verbal, pour lui être également transmis par la voie la plus prompte.

. **Le** présent procès-verbal de notre opération fait et clos lesdits jour et an que dessus, en présence des sieurs........ qui ont signé avec nous à toutes les pages (*ou qui ont déclaré ne savoir signer, à l'exception de*).

Le maire ou l'adjoint.

(*Signature.*)

La rédaction du procès-verbal détaillé que nous venons d'offrir pour modèle devait nécessairement reproduire différentes phases de faits à constater. La complicité que nous avons introduite dans notre espèce nous a conduit à constater une perquisition domiciliaire que devait précéder une délivrance d'un mandat d'amener, contre le complice absent de son domicile, puisque sa présence ailleurs était indiquée; le cas serait le même, si le lieu de sa présence était connu *de toute autre manière.*

= Mais nous observons que l'exécution de la mesure de la visite domiciliaire et de la délivrance du mandat d'amener, ainsi que cela ressort des termes de notre procès-verbal, n'est possible de la part de l'officier auxiliaire que dans l'étendue de sa juridiction, c'est-à-dire sur le territoire de sa commune; par conséquent, si le domicile du prévenu ou du complice était placé dans une autre commune, ou que l'un ou l'autre se fût réfugié dans une commune autre que celle de son domicile où le crime a été commis, l'officier de police auxiliaire du lieu du crime n'est plus compétent pour procéder à des perquisitions au domicile du prévenu, et son mandat n'est plus exécutoire hors des limites de sa juridiction.

= Cependant l'action de la justice, suspendue dans ses mains, peut bientôt reprendre son cours dans la personne du maire ou de l'adjoint de la commune où se trouve le domicile ou la présence du prévenu ou du complice, suivant les termes et l'esprit de l'article 23 du Code d'instruction criminelle. Il importe alors que l'officier de police auxiliaire, dont les pouvoirs cessent, transmette de suite la connaissance du crime et tous autres documents à l'officier de police qui pourra exercer les mesures urgentes, et dont l'exécution prompte serait jugée importante.

= MODÈLE DE MANDAT D'AMENER.

Nous maire ou adjoint de la commune de
arrondissement de   département de
agissant comme officier de police judiciaire auxiliaire du procureur **du** roi, et procédant conformément aux articles 49 et 50 du Code d'instruction criminelle, en cas de flagrant délit ;

Ordonnons au sieur   agent de la force publique d'amener par-devant nous le nommé   prévenu du crime de (*énoncer le crime*), ledit prévenu se trouvant actuellement au village de   chez le nommé   ou en tout autre lieu de cette commune ;

A l'effet de s'expliquer et d'être entendu sur le crime qui lui est imputé.

Requérons tout dépositaire de la force publique de prêter main-forte, si besoin est, pour l'exécution du présent mandat d'amener, que nous avons signé et marqué de notre sceau (1).

A   le   l'an.
Sceau.   *Signature.*

L'agent de la force publique chargé de l'execution du mandat décerné par l'officier de police auxiliaire, certifiera, au dos dudit mandat, que son exécution n'a pu s'opérer, et dans le cas où le prévenu fût trouvé

(1) L'officier de police judiciaire qui ne serait pas muni de son sceau au moment de la délivrance du mandat d'amener ne devrait pas s'arrêter devant cette circonstance pour délivrer ce mandat dans un cas pressant. La signature est la formalité la plus substantielle.

et conduit par-devant l'officier de police auxiliaire, ce dernier doit procéder de suite à son interrogatoire, ainsi que le prescrit l'art. 40 du Code d'instruction criminelle.

= MODÈLE D'INTERROGATOIRE DU PRÉVENU (1).

Nous maire ou adjoint de la commune de

arrondissement de   département de

en vertu de notre mandat d'amener, décerné par nous aujourd'hui

le   contre le nommé (*indiquer le nom*), prévenu du crime (*en énoncer la nature*).

Ledit prévenu conduit par-devant nous, avons de suite procédé à son interrogatoire de la manière suivante :

Demande :

Quels sont vos nom, prénoms, âge et domicile ?

Réponse :

D. Depuis quelle époque êtes-vous absent de votre domicile ?

R........

D. Dans la journée d'hier, qu'avez-vous fait ou quelles ont été vos occupations? etc., etc., etc.

R........

Fait et clos, le nommé......... prévenu, a signé avec nous (ou a déclaré ne savoir signer).

A   le

Signature.

= C'est un principe déjà établi, qu'en cas de flagrant délit, la puissance d'agir devient commune à tous les officiers de police judiciaire.

Les pouvoirs exceptionnels que la loi confère au

---

(1) Il ne peut nous appartenir que d'indiquer la marche à suivre dans cet acte, comme en général dans tous les actes d'instruction. A cet égard, notre observation doit être la même que celle contenue dans la note de la p. 154, et nous ajouterons seulement que ce mode d'interrogatoire sera toujours utilement suivi vis-à-vis même des prévenus arrêtés en flagrant délit. Le procès-verbal constatant le corps du délit ne doit contenir autant que possible que les demandes les plus urgentes adressées au prévenu. C'est agir sagement que de séparer ces deux actes d'instruction, pour éviter toute confusion, et pour les rendre plus précis et plus clairs.

procureur du roi, dans les cas prévus par l'art 41 du Code d'instruction criminelle, se trouvent reproduits dans les dispositions des articles suivants du Code d'instruction.

Dans le cas de flagrant délit, ou dans le cas de réquisition de la part d'un chef de maison, ils dresseront (les officiers de police auxiliaire du procureur du roi compris dans l'art. 49) les procès-verbaux, *recevront les déclarations des témoins, feront les visites et les autres actes qui sont auxdits cas de la compétence des procureurs du roi*, le tout dans les formes et suivant les règles établies au chapitre des procureurs du roi (art. 49).

Les maires, adjoints de maires et *les commissaires de police* recevront également les dénonciations, *et feront les actes énoncés en l'article précédent, en se conformant aux mêmes règles* (art. 50).

== La déclaration des témoins doit être constatée ; cette opération ne doit pas être omise, et le moins possible retardée. Les premiers moments de l'action criminelle sont toujours propices à la connaissance de la vérité.

Il est généralement reçu que l'information faite par le procureur du roi ou par ses auxiliaires, n'est considérée, dans la procédure criminelle, qu'à titre de renseignement.

== Cependant, il existe une disposition dans l'article 60 du Code d'instruction, qui permet au juge d'instruction de refaire les actes, ou ceux des actes qui ne lui paraîtraient pas complets.

Les termes de cet article doivent nécessairement s'appliquer à certain actes émanant du procureur du roi ou de ses auxiliaires, et leur attribuer un caractère plus sérieux. En effet, la loi permettant au juge d'instruction de les maintenir, nous devons en conclure que l'appréciation du juge d'instruction ne fait que sanctionner la force que la loi d'abord leur attribue.

Les procès-verbaux constatant le corps du délit, l'état des lieux, l'interrogatoire du prévenu, les recherches matérielles du crime ou délit dans les visites domiciliaires ou autres lieux, sont les actes d'instruction dont la nature s'approprie le plus aux fonctions des officiers de police judiciaire ; aussi c'est à ce genre d'actes que nous croyons devoir appliquer les dispositions de l'art. 60 du Code d'instruction criminelle, lorsqu'ils sont admis par le juge instructeur.

== Nous disons qu'il en sera autrement pour les procès-verbaux contenant l'audition des témoins qui seront toujours renouvelés par le juge d'instruction, et la raison de décider ainsi nous paraît résulter principalement de la formalité du serment dont la solennité sacrée s'appuie, dans les lois, du caractère élevé du juge seul.

═MODÈLE DE PROCÈS-VERBAL DE DÉCLARATIONS DE TÉMOINS.

L'an mil   et le   du mois

Nous, maire ou adjoint, officier de police judiciaire auxiliaire du procureur du roi ;

Procédant par continuation des procès-verbaux de ce jour, nous avons constaté les témoignages des personnes ci-après dénommées, relativement au crime *ou délit* objet de l'instruction.

Se sont présentés volontairement les nommés :

1° Jacques B...

2° Pierre A...

3° Jean C...

Le premier témoin, Jacques B...   âgé de
domicilié à

Déclare (*rendre compte le plus clairement possible des renseignements donnés par le témoin*).

En conséquence de sa déclaration, ledit Jacques B... a signé avec **nous**
ladite déclaration (ou a déclaré ne savoir signer).

Signatures.

Le second témoin, Pierre A...   âgé de
domicilié à

Déclare (*rendre le même compte fidèle de sa déclaration avec les mêmes formalités que dans la déclaration précédente.*)

Le troisième témoin (*ainsi de suite.*)

De tout quoi nous avons dressé le présent procès-verbal qui sera joint
aux pièces et documents, pour être transmis à M. le procureur du roi
pour valoir ainsi que le droit, et avons signé.

Signature.

═ L'envoi immédiat des actes d'instruction faits
par l'officier de police auxiliaire est prescrit par l'article 53 du Code d'instruction criminelle.

Les officiers de police auxiliaire renverront *sans
délai les dénonciations*, *procès-verbaux* et autres actes
par eux faits, dans le cas de leur compétence, *au procureur du roi*, qui sera tenu d'examiner sans retard
les procédures, et de les transmettre, avec les réquisitions qu'il jugera convenables au juge d'instruction
(art. 53).

═ La translation du prévenu au chef-lieu d'arrondissement doit s'opérer avec la même célérité. Un
trop long délai, s'il n'était justifié par aucune circonstance, dégénérerait en détention arbitraire (Req.
modèle, page 168).

═ Si des circonstances majeures nécessitent le séjour
du prévenu sous mandat d'amener, l'art. 10 du décret

du 18 juin 1811 a prévu le besoin de la délivrance d'aliments et autres objets de première nécessité, et il en règle le mode de délivrance.

Les aliments et autres secours indispensablement nécessaires aux *prévenus* ou accusés pendant leur translation, leur seront fournis dans les prisons et maisons d'arrêt des lieux de la route....

Dans les lieux où *il n'y a point de prisons*, les officiers municipaux feront faire la fourniture des *aliments et autres objets*, et le remboursement en sera fait aux fournisseurs, comme frais généraux de justice (article 10).

= L'administration de l'enregistrement continuera de faire l'avance des frais de justice criminelle (art. 1er du décret du 18 juin 1811).

L'enregistrement en opère le payement sur le vu du mandat taxé de l'officier public qui a le droit de requérir les objets considérés comme frais urgents de justice.

= Les frais urgents seront acquittés sur simple taxe et mandat du *juge*, mis au bas *des réquisitions*, copies de convocations ou de citations, *états* ou *mémoires* des parties (art. 135 du décret du 18 juin 1811).

Un décision ministérielle du 10 novembre 1812 a décidé que l'expression de juge ne doit pas être prise dans l'acception rigoureuse du terme, et que la disposition de cet article peut s'étendre aux *officiers du ministère public*, et par conséquent aux *auxiliaires* lorsqu'ils opèrent dans le cercle de leurs attributions. Cependant, il convient d'observer que l'administration de l'enregistrement, dans ses instructions postérieures, ne s'est servie que du mot juge, et afin d'ôter tout prétexte de rejet de la taxe, il serait convenable d'adresser la taxe au procureur du roi, pour en faire approuver le montant par le juge d'instruction.

Nous observons que toutes les circonstances qui motivent les différentes réquisitions dont nous indiquons à la suite les modèles, sont considérées comme frais urgents aux termes de l'art. 134 du décret de 1811.

⸗ MODÈLE DE RÉQUISITION

POUR DÉLIVRANCE D'ALIMENTS OU AUTRES OBJETS DE PREMIÈRE NÉCESSITÉ (1).

Nous maire ou adjoint de la commune de
arrondissement de   département de
Vu l'article 10 du décret du 18 juin 1811 ;

Requérons le nommé   boulanger dans cette commune, de délivrer un pain du poids de   pour servir à la nourriture du nommé   prévenu, en état de mandat d'amener.

Fait à   le
Sceau.   Signature.

Écrire à la suite du modèle du réquisitoire ci-dessus, ou à la suite du mémoire fourni le modèle suivant :

⸗ MODÈLE DE TAXE.

Nous maire ou adjoint de commune de
Vu l'article 133 du décret du 18 juin 1811, avons taxé à la somme de   le   sieur   (*indiquer les objets qui ont été fournis, et à quelle fin ils ont été employés*) ; ou bien déclarons approuver le mémoire fourni qui se monte à la somme de

(1) Les objets de première nécessité peuvent résulter d'une indisposition subite qui réclamerait certains remèdes, des vêtements indispensables, tels, par exemple, qu'un pantalon, une chaussure aux pieds, etc., etc... A cet égard, une décision du ministère de la justice, du 4 novembre 1820, vient à l'appui de l'art. 10 du décret de 1811 ; d'ailleurs, il doit être dans l'esprit de la loi de prévoir ces actes d'humanité ; elle devait en laisser les moyens d'exécution à l'officier public.

La marche à suivre serait la même pour tout modèle, en changeant le nom du fournisseur et la nature de la chose fournie et délivrée.

Ordonnons que ladite somme sera payée sur les frais de justice criminelle par le receveur de l'enregistrement au bureau de

Fait à   le
Sceau.   *Signature.*

= Les prévenus ou accusés seront conduits à pied
par la gendarmerie (art. 4 du décret de 1811), *ou par
tous autres agents de la force publique.*

= MODÈLE DE RÉQUISITOIRE DE TRANSLATION DU PRÉVENU.

Nous maire ou adjoint de la commune de
arrondissement de   département de
Vu l'article 25 du Code d'instruction criminelle ;
Requérons le commandement de la gendarmerie à la résidence de
ou le commandant de la garde nationale de
ou le garde champêtre de la commune, assisté
(*indiquer les personnes qui seraient requises pour prêter main-forte*)
de transférer le nommé   (*énoncer le nom et le crime ou
délit dont il est prévenu*).

Par-devant M. le procureur du roi de l'arrondissement de
Fait à   le
Sceau.   *Signature.*

Néanmoins, ajoute l'art. 4 du décret de 1811, ils
pourront (les prévenus) si des circonstances extraordinaires l'exigent, être transférés, soit en voiture, soit
à cheval, sur les réquisitions motivées de nos officiers
de justice.

= Ces derniers termes nous autorisent à penser
que la réquisition motivée des officiers de justice doit
suffire, lorsqu'il est difficile de se procurer un certificat de médecin pour constater l'impossibilité du
prévenu de voyager à pied. La disposition de l'article 5 du décret de 1811, prescrivant cette formalité,
nous paraît *démonstrative* pour les cas ordinaires.

Dans les localités où le service des transports militaires ne sera point organisé, les réquisitions seron

adressées aux officiers municipaux qui y pourvoiront par les moyens ordinaires et *aux prix les plus modérés* (article 6, décret de 1811).

= MODÈLES DE RÉQUISITOIRE DE TRANSLATION DE PRÉVENU
NE POUVANT S'OPÉRER A PIED.

Nous maire ou adjoint de la commune de

arrondissement de   département de

Vu les articles 2, 4 et 6 du décret du 18 juin 1811;

Attendu que le nommé   prévenu de

se trouve dans l'impossibilité de voyager à pied (*en indiquer les motifs*).

Ou s'il a été visité par un médecin, il suffira de dire : (*Ainsi que cela résulte du certificat ci-joint délivré par M.*   *médecin.*)

Requérons le nommé   domicilié dans cette commune, de fournir un cheval et une voiture (*ou l'une de ces deux choses*) pour effectuer le transport dudit prévenu, par-devant le procureur du roi de l'arrondissement de

Fait à   le

Signature.

= Les procédures et les effets pouvant servir à conviction seront transportés par les gendarmes (*ou par tous autres agents de la force publique*) chargés de la conduite des prévénus ou accusés.

Si, à raison du poids ou du volume, les objets ne peuvent être transportés par les gendarmes, ils le seront d'après un ordre par écrit du magistrat, qui ordonnera le transport, soit par les messageries, soit par les entrepreneurs des transports et convois militaires, soit par toute autre voie plus économique, sauf les précautions convenables pour la sûreté des objets (art. 9, décret de 1811).

Les dispositions de l'art. 6 du décret de 1811 sont dans ce cas également applicables, et autorisent la réquisition suivante au prix le plus modéré.

= MODÈLE DE RÉQUISITION.

Nous maire ou adjoint de la commune de
arrondissement de   département de

Vu les articles 6 et 9 du décret du 18 juin 1811, requérons le
nommé   demeurant   de transporter avec sa
voiture ou son cheval, au greffe du tribunal de première instance
séant à

Une caisse ou un paquet ficelé, du poids de   kilogrammes revêtu d'une bande de papier portant notre sceau, et contenant (*énumérer les objets*) pièces de conviction saisies dans l'affaire du
nommé   prévenu (*énoncer le fait criminel*).

Fait le   le
Signature.

A la suite des réquisitions dont nous venons de
donner les deux modèles, l'officier de police mettra
la taxe dont le modèle suit, d'après la nature du transport qu'il aura requis.

= MODÈLE DE TAXE.

Nous maire ou adjoint de la commune de
canton de   arrondissement de   département de

Avons taxé le nommé   sur sa demande, en vertu du règlement du 18 juin 1811, à la somme de   prix convenu
pour avoir transporté le prévenu désigné dans notre réquisitoire ci-
dessus (*ou les objets pièces de conviction énumérées*); ordonnons que
ladite somme de   sera payée sur les frais de justice criminelle par le receveur de l'enregistrement, au bureau de

Ledit nommé a signé avec nous, ou *a déclaré ne savoir signer.*

Fait à   le
Sceau.   *Signature.*

Ces deux actes, transcrits sur papier ordinaire et à
la suite l'un de l'autre, seront faits par *duplicata* pour
joindre la copie aux pièces de la procédure criminelle.

= Pour les frais d'exhumation des cadavres, on
suivra les tarifs locaux (art. 20, décret de 1811).

Si pour ce genre d'opération il n'existe pas de tarif,

il est reçu de taxer à raison du prix de la journée de travail à l'usage du lieu.

Les officiers de police auxiliaire devront procéder rarement à cette mesure, mais l'art. 20 et la règle du prix de la journée de travail à l'usage du lieu, contiennent un principe général à suivre lorsqu'on a employé des hommes de journée, manœuvres ou artisans, à tout autre titre qu'à titre d'experts.

= Le payement du salaire qui leur est dû comme frais urgents, aux termes de l'art. 134 du décret de 1811, doit être fait également sur mandat taxé, transcrit de même sur papier ordinaire, et à la suite de la réquisition (art. 133, décret de 1811).

= MODÈLE DE RÉQUISITION.

Nous maire ou adjoint de la commune de
canton de   arrondissement de   département de

Vu l'article 20 du décret du 18 juin 1811 ;

S'il s'agit d'une exhumation (*l'énoncer*).

S'il s'agit de toute autre opération, par exemple de fouilles et autres travaux, dire :

Attendu qu'il est urgent de procéder (*énoncer les travaux manuels à faire*);

Requérons le nommé   ouvrier journalier, de se transporter au lieu de   pour opérer sur notre indication.

         Fait le   le

                 Signature.

= MODÈLE DE TAXE.

Nous maire ou adjoint de la commune de
canton de   arrondissement de   département de

Vu les articles 133 et 134 du décret du 18 juin 1811 ;

Avons taxé sur sa demande le nommé   ouvrier, domicilié en cette commune, à la somme de   prix de la journée de travail en usage sur les lieux, et vu la nature des travaux exécutés par lui sur notre réquisition ;

Ordonnons que ladite somme de   sera payée sur les frais de justice criminelle par le receveur de l'enregistrement au bureau de

Ledit   a signé avec nous, *ou a déclaré ne savoir signer.*

Sceau.   Signature.

Les maires et adjoints, en leur qualité de fonctionnaires administratifs et judiciaires, sont aptes à régulariser tous ces actes, et nous devons terminer la série des modèles dont nous avons reconnu le besoin et l'utilité, en rappelant ce que nous avons dit précédemment, qu'obéissance est due à toute réquisition de la part de ces fonctionnaires, sous les peines de l'art. 475 du Code pénal.

Il en serait autrement si la profession de la personne requise était toute intellectuelle. Ainsi, par exemple, le refus d'un médecin d'obtempérer à la réquisition de l'officier de justice ne le rend pas passible des peines de l'art. 475. Les devoirs de sa profession élevée font présumer que ce refus de sa part n'est pas sans motifs sérieux. L'intérêt public d'ailleurs exige que, dans une opération de l'esprit, opération alors toute morale, celui qui opère soit libre d'accepter la confiance qui lui est donnée.

Les honoraires des médecins, officiers de santé et sages-femmes, suivant les règlements du ministre de la justice, et les modèles des mémoires fournis à la suite, ne sont pas considérés comme frais urgents; mais nous pensons que les fournitures faites en médicaments par un homme de l'art sont frais urgents de leur nature. Ce sont des déboursés dont il est juste de récupérer le plus tôt possible les avances, et l'article 19 du décret du 18 juin 1811 nous paraît se reproduire dans l'article 134 du même décret, qui considère toute dépense de fournitures comme frais urgents (*Dans ce cas, voir les instructions et les modèles de taxe de fournitures ci-avant*).

La déchéance est encourue, pour le payement de tout mémoire de frais qui n'est pas présenté à la taxe du juge (*ou de l'officier compétent*), *dans l'année* , à partir de l'époque à laquelle les frais auront été faits, ou dont le payement n'aura pas été réclamé dans les *six mois* de leur date, à moins qu'il ne soit justifié que ces retards ne sont pas imputables à la partie dénom-mée dans l'exécutoire (art. 149, décret de 1811, et ordonnance du 28 novembre 1838).

= INFANTICIDE.

Est qualifié infanticide le meurtre d'un enfant nou-veau-né (art. 300, Code pénal).

Cet article est applicable, quel que soit l'auteur de la mort de l'enfant nouveau-né.

L'officier auxiliaire recueillera promptement les circonstances qui peuvent établir l'infanticide.

Il se transportera, sans délai, auprès de la personne accouchée, si le crime a été commis par elle, ou si elle est gravement soupçonnée d'en être l'auteur.

Il doit conserver avec soin les linges qui envelop-paient l'enfant, et dans les perquisitions domiciliaires qui seraient faites, l'officier judiciaire doit rechercher minutieusement les linges teints de sang, ou em-preints d'autres matières indices d'accouchement.

L'examen médical établira si l'enfant est né à terme, et s'il est né viable. Les hommes de l'art re-quis (voir modèle, page 152) auront également à porter leur attention sur l'état physique de la personne présumée accouchée, et qui nierait son accouchement.

Cette visite doit avoir lieu le plus promptement possible; quelques jours écoulés peuvent suffire pour faire disparaître des indices physiques d'un accouchement récent.

Ce crime est malheureusement très-ordinaire, et il reste très-souvent impuni; il fixera, par conséquent, d'une manière toute particulière, l'attention des officiers de police auxiliaire.

(Voir mesures à prendre, page 148 et suivantes, ainsi que les modèles qui suivent inclusivement jusqu'à la page 171.)

= EMPOISONNEMENT.

Est qualifié empoisonnement tout attentat à la vie d'une personne par l'effet de substances qui peuvent donner la mort plus ou moins promptement, de quelque manière que les substances aient été employées ou administrées, et quelles qu'en aient été les suites (art. 301, Code pénal).

Les termes de cet article démontrent que l'empoisonnement d'une personne peut s'opérer de différentes manières. En effet, des calculs de crimes longuement prémédités peuvent occasionner la mort de la victime par des moyens moins prompts qu'en administrant une boisson empoisonnée à forte dose.

La nature des moyens qui peuvent arriver à ce crime réclame l'attention intelligente de l'officier auxiliaire.

Une mort extraordinaire ou subite, la mauvaise réputation des personnes qui ont entouré le malade, le caractère vicieux publiquement reconnu d'une personne qui a approché le malade, les intérêts qui les unissaient au défunt, sont des éléments d'observation qu'il ne faut pas négliger.

On donnera immédiatement connaissance au procureur du roi des soupçons qu'on aurait.

Les vases et autres objets imprégnés de substances vénéneuses, ainsi que les fragments qui en subsisteraient, doivent être saisis.

Si des vomissements se sont opérés chez le malade on doit en faire recueillir avec soin tous les matières, pour les soumettre à l'analyse chimique.

Tous ces objets seront soigneusement clos et cachetés.

Le cadavre de la personne présumée morte empoisonnée, doit subir l'examen attentif des hommes de l'art.

(Voir la page 148 et suivantes, ainsi que les modèles qui suivent inclusivement jusqu'à la page 171.)

＝ BLESSURES ET COUPS INVOLONTAIRES NON QUALIFIÉS MEURTRE.

Sera puni de la réclusion tout individu qui, volontairement, aura fait des blessures et porté des coups, s'il est résulté de ces actes de violence une maladie ou incapacité de travail personnel pendant plus de vingt jours.

Si les coups portés, ou les blessures faites volontairement, mais sans intention de donner la mort, l'ont pourtant occasionnée, le coupable sera puni de la peine de travaux forcés à temps (art. 309, Code pénal).

Le caractère aggravant des blessures et coups volontaires consiste dans l'*impossibilité de travail* personnel pendant plus de vingt jours.

La réalité de ce fait ne pourrait résulter que du temps, si les mesures urgentes que les circonstances peuvent commander de prendre n'indiquaient pas un moyen plus prompt pour s'assurer de l'état véritable de la personne blessée.

Ainsi, la réquisition de l'homme de l'art doit avoir lieu le plus promptement possible (voir modèle, page 152).

= Les blessures graves à la suite d'*un duel* commandent de la part de l'officier de police auxiliaire les mêmes précautions.

Les blessures graves à la suite du duel sont comprises dans les termes généraux de l'article 309 du Code pénal (Jurisprudence de la Cour de cassation).

La justice de la cause qu'on a à défendre, la réhabilitation ou la vengeance de l'honneur offensé, ne doivent plus être confiés au sort des armes. Ce préjugé barbare choque trop vivement nos mœurs sociales, notre civilisation et son esprit de progrès.

Un procès-verbal exact et fidèle sera dressé par l'officier de police auxiliaire; il contiendra les formalités ordinaires, la prestation du serment de l'homme de l'art, la description des pièces de conviction.

Si le coupable est connu, les mesures qu'on croira convenables seront prises contre sa personne; les recherches et perquisitions utiles seront faites (voir mesures générales, page 148 et suivantes).

Dans la pratique, il arrive quelquefois que les maires, à la première connaissance de blessures et coups volontaires, s'empressent de réclamer le transport de la justice. L'état de la personne blessée paraît souvent grave à la première vue, mais bientôt cet état perd de sa gravité ; aussi devons-nous recommander aux officiers auxiliaires de s'éclairer de suite par un rapport de médecin, si cette mesure est facilement mise à leur disposition ; le rapport du médecin et autres pièces d'instruction seront immédiatement transmis au procureur du roi, qui prendra ultérieurement les mesures qu'il jugera convenables.

= INCENDIE.

Quiconque aura mis le feu volontairement à des édifices, navires, bateaux, magasins, chantiers, à des forêts, bois taillis ou récoltes sur pied, à des bois ou récoltes abattues, soit que les bois soient en tas ou en cordes, et les récoltes en tas ou en meules ;

Celui qui, en mettant le feu à l'un des objets énumérés dans le paragraphe précédent, et à lui-même appartenant, aura volontairement causé un préjudice quelconque à autrui, sera puni, etc..... (Dispositions de l'art. 434, Code pénal.)

Il faut, pour découvrir l'auteur de ce crime, beaucoup d'activité, d'intelligence et de soin de la **part** de l'officier de police judiciaire.

« Si de tels attentats restent fréquemment impunis, on doit l'attribuer à l'inexactitude et à *la lenteur des premières recherches* ; on ne saurait donc s'y livrer avec trop de zèle et de scrupule. Après avoir constaté l'état des bâtiments incendiés, c'est à l'instant même qu'il faut entendre les propriétaires, les locataires et les voisins, rapporter les menaces qui ont été proférées, s'informer du jour, de l'heure de l'incendie, de l'endroit où il a commencé, indiquer les matières combustibles dont on s'est servi, faire immédiatement des perquisitions si le coupable est soupçonné. » (Circul. de 1827 de M. le procureur général de Riom.)

(Voir règles, page 141 et suivantes, ainsi que les modèles qui suivent inclusivement jusqu'à la page 171.)

VOL AVEC EFFRACTION.

Est qualifié effraction tout forcement, rupture, dégradation, démolition, enlèvement de murs, toits, planchers, portes, fenêtres, serrures, cadenas ou autres ustensiles ou instruments servant à fermer ou à empêcher le passage, et de toute espèce de clôture quelle qu'elle soit (art. 393, Code pénal).

Les effractions sont extérieures ou intérieures (article 394).

Les effractions extérieures sont celles à l'aide desquelles on peut s'introduire dans les maisons, cours, basses-cours, enclos ou dépendances, ou dans les appartements ou logements particuliers (art. 395).

Les effractions intérieures sont celles qui, après l'introduction dans les lieux mentionnés en l'article précédent, sont faites aux portes ou clôtures du dedans, ainsi qu'aux armoires et autres meubles fermés. Est compris dans la classe des effractions intérieures le simple enlèvement des caisses, boîtes, ballots sous toile et corde, et autres meubles fermés qui contiennent des effets quelconques, bien que l'effraction n'ait pas été faite sur le lieu (art. 395).

L'effraction constitue une circonstance aggravante

du vol ; l'effraction mérite d'être promptement constatée ; *elle peut changer ou s'effacer.*

L'état en doit être fidèlement décrit.

Les instruments qui ont servi à commettre cet acte
audacieux se trouvent plus facilement dans un temps
moins éloigné du vol. Cette pièce de conviction peut
mettre souvent sur la voie du coupable. Si le coupable
est connu ou gravement soupçonné, l'officier auxiliaire procédera aux perquisitions domiciliaires qui
paraîtraient utiles pour arriver à la découverte des
objets volés.

(Voir règles, page 148 et suivantes, ainsi que
les modèles qui suivent inclusivement jusqu'à la
page 171.)

= VOL AVEC ESCALADE.

Est qualifiée escalade toute entrée dans les maisons, bâtiments, cours, basses-cours, édifices quelconques, jardins, parcs et enclos, exécutée par-dessus
les murs, portes, toitures ou toute autre clôture.

L'entrée par une ouverture souterraine, autre que
celle qui a été établie pour servir d'entrée, est une
circonstance de la même nature que l'escalade (article 397).

L'escalade est souvent employée pour commettre
des vols dans l'intérieur des habitations ou dans leurs
dépendances ; les traces que peut laisser le fait d'escalade fournissent quelquefois des données précieuses
pour découvrir l'auteur du crime.

L'officier auxiliaire se transportera sur les lieux,
vérifiera les moyens par lesquels l'escalade a pu s'o-
pérer ; il indiquera les moyens qui ont servi à ces

fins, si ces objets sont restés à l'endroit par où le coupable s'est introduit.

Les dégradations sur les murs seront examinées.

La hardiesse avec laquelle cette action a été commise ne doit pas échapper à l'attention de l'officier de police; elle peut fixer souvent sur le caractère hardi et entreprenant de l'individu soupçonné, et dont la profession pourrait également venir en aide.

Les empreintes de pas, s'il en existe sur la terre, doivent être attentivement conservées, jusqu'à ce que l'application sur ces empreintes ait été faite des souliers ou sabots appartenant à l'individu soupçonné.

En général, cette opération est sage toutes les fois que l'état des lieux permet de la pratiquer avec sûreté.

Procès-verbal d'après ces documents sera dressé, les perquisitions domiciliaires jugées nécessaires également opérées.

(Voir règes, page 148 et suivantes, ainsi que les modèles qui suivent inclusivement jusqu'à la page 171.)

= VOL A L'AIDE DE FAUSSES CLEFS.

Sont qualifiées fausses clefs tous crochets, rossignols, passe-partout, clefs imitées, contrefaites, altérées ou qui n'ont pas été destinées par le propriétaire, locataire, aubergiste ou logeur, aux serrures, cadenas ou aux fermetures quelconques auxquelles le coupable les aura employées (art. 398).

L'état des serrures, qui est ordinairement intact, permet difficilement de signaler le genre d'instrument qui a été employé à commettre le vol. Mais, pour s'assurer de ce fait, l'officier de police auxiliaire peut se faire assister d'un homme d'état à ce connaissant. *Dans le cours des instructions, il a d'ailleurs toujours le droit* d'appeler à son procès-verbal tout individu dont la profession pourrait lui servir de lumière.

(Voir règles, page 148 et suivantes, ainsi que les modèles qui suivent inclusivement jusqu'à la page 171.)

§ XIII.

Levée des cadavres.

= Si une personne morte se trouve gisant sur le territoire d'une commune, mais à la *suite d'un événement connu*, l'opération pour la levée du corps est de la compétence de *la police administrative*.

Le cadavre de la personne morte par accident sera inhumé aux frais de la commune, s'il n'est pas réclamé par sa famille.

Les frais d'inhumation des condamnés et *de tous cadavres* trouvés sur la voie publique, ou dans quelque autre lieu que ce soit, sont également à la charge des communes, aux termes de l'article 26 de décret du 23 prairial an XII, lorsque toutefois les cadavres ne sont pas réclamés par les familles, et sauf le recours des communes contre les héritiers (art. 3, règlement du 18 juin 1811).

Les maires ou adjoints, en leur qualité d'officiers de police judiciaire, doivent simplement donner connaissance de cet événement au procureur du roi. Ils doivent en agir toujours ainsi, aux termes des instructions, lorsqu'il arrive, dans les communes *des sinistres ou des événements extraordinaires.*

= *La compétence* des officiers auxiliaires de justice commence lorsque les causes de la mort de la personne trouvée sur le territoire de la commune sont inconnues.

Alors, le caractère du flagrant délit se retrouve par la seule circonstance que le corps du délit est présent, quelle que soit d'ailleurs la date apparente de la mort de l'individu.

L'officier auxiliaire de police judiciaire doit donc activement commencer ses investigations.

= La première opération consiste à s'assurer des moyens d'établir l'identité de la personne morte; cette mesure sera toujours facile et prompte, si l'on présume que le cadavre trouvé est celui d'un habitant de la commune.

Une seconde opération non moins importante et *toujours rigoureusement* commandée dans un cas semblable, consiste dans la prompte réquisition à faire des hommes de l'art, à l'effet de procéder à l'examen extérieur du corps et à l'autopsie cadavérique (voir modèle, page 152).

Car l'état intérieur du cadavre peut laisser supposer que la personne trouvée morte a été victime d'une mort violente; et en l'absence de tous renseignements, les inductions à tirer de la vue du cadavre prendront une consistance d'autant plus réelle, que les conclusions de l'homme de l'art concourront à établir, avec les lésions extérieures, que la mort de l'individu ne peut être que le produit d'un meurtre.

Plusieurs autres circonstances peuvent fortifier cette supputation. Ainsi, le lieu où le cadavre a été trouvé, éloigné de tout précipice, l'absence de tous objets dont il aurait pu se servir pour se donner la mort, et sa position à terre, peuvent également éloigner toute idée de mort accidentelle ou de suicide.

Les graves présomptions qui naîtraient de ces circonstances diverses doivent déterminer, de la part de l'officier auxiliaire, une marche active et prompte dans l'exercice de son action.

L'officier auxiliaire qui, prudemment, se serait assuré des causes probables de la mort de la personne trouvée sur le territoire de la commune, avant d'annoncer cet événement au procureur du roi, doit, lorsque ses pressentiments sinistres sont raffermis, en prévenir sans délai ce magistrat (voir règle, page 148.)

Si la personne dont le cadavre a été trouvé était domiciliée dans la commune, l'officier auxiliaire se transportera sans retard à son domicile; il s'informera de l'époque de sa disparition; il recueillera attentivement les soupçons qui seraient émis sur la cause probable de la mort, et qui tendraient à mettre sur les traces de l'auteur du crime.

Enfin, les circonstances seules peuvent indiquer à l'officier de justice le choix des mesures à prendre.

(Modèles, voir les mêmes qui suivent inclusivement de la page 148 jusqu'à la page 171.)

§ XIV.

Juridiction, comme juges de police, des Maires et Adjoints des communes qui ne sont pas chefs-lieux de canton.

= La résidence ordinaire du juge de paix au chef-lieu de canton s'opposait à la création d'un second siége dans une commune déjà pourvue d'une juridiction qui connaît, en général, des contraventions de police.

Aussi les attributions du juge, conférées par le Code d'instruction criminelle, sont-elles exclusivement attribuées aux maires et adjoints des communes qui ne sont pas chefs-lieux de canton.

= La juridiction de ce tribunal, d'ailleurs spéciale pour les cas énumérés dans l'article 166 du Code d'instruction, est rarement mise en pratique, et il est généralement d'usage que les procès-verbaux constatant les contraventions sont adressés *au maire du chef-*

lieu du canton, chargé par la loi d'en poursuivre la répression par-devant le tribunal de paix (1).

(1) La loi qualifie contraventions les faits qui peuvent donner lieu, soit *à* 15 *fr. d'amende* et au-dessous, soit *à cinq jours d'emprisonnement* et au-dessous. Les faits qui donnent lieu à ces peines sont prévus au liv. iv du Code pénal, art. 471 et suivants.

Le mode à suivre pour verbaliser, recevoir les plaintes, est le même que pour les délits en général, sauf les modifications suivant la gravité des faits (voir modèles, p. 139 et 142).

L'art. 11 du Code d'instruction criminelle ajoute : Ils recevront (les maires et adjoints) *les rapports.* Cela doit s'entendre des rapports faits par un garde champêtre d'une commune. Les gardes champêtres et forestiers (art. 16, Code d'inst. crim.) sont des officiers de police judiciaire, mais ils ne sont pas auxiliaires du procureur du roi en ce sens qu'ils aient le pouvoir de constater des crimes et délits autres que ceux qui leur sont spécialement attribués. Ils ont le caractère d'agents de la force publique. Ils peuvent arrêter, en flagrant délit, et conduire le prévenu devant le juge de paix ou devant le maire ou l'adjoint. Ils ne peuvent suivre les objets dans le domicile des citoyens qu'en présence du juge de paix, de son suppléant, du maire ou de l'adjoint. Les lois spéciales leur attribuent le droit de constater les délits de chasse et de pêche et quelques autres délits prévus notamment par la loi du 28 avril 1816. Mais dans les crimes et délits généraux prévus par le Code pénal, ils doivent se borner à les porter aussitôt à la connaissance du maire, de l'adjoint, du juge de paix ou du procureur du roi.

MODÈLE D'UN PROCÈS-VERBAL DE RAPPORT.

L'an   le   heure de   par-devant nous, maire ou adjoint de la commune de   canton de département de

Est comparu Guillaume B....., garde champêtre de cette commune, lequel nous a fait le rapport qu'aujourd'hui, faisant sa tournée pour la conservation des propriétés confiées à sa garde, et passant par le terroir de cette commune, appelé....., il a trouvé des moutons appartenant au nommé Pierre C....., cultivateur en cette commune, qui pacageaient dans une terre semée de blé et appartenant à Jacques D....., propriétaire dans cette commune, lequel dommage il a estimé 15 fr. (*ou au-dessous*).

(*Pour une contravention d'une autre espèce, dire, par exemple : Lequel garde champêtre, passant par le chemin appelé..... en cette commune, allant à....., a constaté une empiétation, sur la largeur dudit chemin, de ...mètres, faite par le nommé Pierre R..... propriétaire, confinant ledit chemin à l'aspect de.....*).

Nous avons, en conséquence, donné acte audit garde champêtre du présent

Sans doute, les formes judiciaires qui sont dans les habitudes d'un petit nombre de personnes, peuvent avec raison déterminer les maires et adjoints à ne pas faire usage d'un pouvoir facultatif; mais nous ne devons pas moins fixer l'attention de ces fonctionnaires sur un droit de juridiction qui leur appartient, et qui, dans ses formes, dispense les justiciables de toute avance de frais pour obtenir prompte justice.

Les maires des communes non chefs-lieux de canton connaîtront, *concurremment avec les juges de paix*, des contraventions commises dans l'étendue de leur commune, par les personnes prises *en flagrant délit ou par des personnes qui résident* dans la commune, ou qui y sont présentes, lorsque les *témoins* y seront aussi *résidants* ou *présents*, et lorsque la partie réclamante conclura, pour ses dommages-intérêts, à une *somme déterminée* qui n'excédera pas celle de *quinze francs*.

rapport dont nous lui avons donné lecture, et qu'il a signé avec nous, après l'avoir affirmé sincère et véritable (1).   *Signature.*

Les procès-verbaux des contraventions peuvent être écrits sur papier ordinaire, mais ils doivent être soumis à l'enregistrement pour être visés et enregistrés *en débet*.

Une circulaire du ministre de la justice, du 24 septembre 1823, sur l'exception du timbre et enregistrement, se fondant sur les art. 68 et 70 de **la loi du 22 frimaire au VII**, porte que les règles d'exemption d'enregistrement ne concernent que *les délits communs* (c'est-à-dire prévus par le Code pénal et de la compétence de la police correctionnelle), et ne s'appliquent pas aux cas prévus par les lois *spéciales, ni aux contraventions.*

(1) L'affirmation est une formalité indispensable pour la validité du rapport. Un membre du conseil municipal n'est pas compétent pour recevoir le rapport. Le garde champêtre ou forestier doit seulement s'adresser au juge de paix, à son suppléant, au commissaire de police, au maire ou à l'adjoint de la commune ou du territoire pour lequel il est assermenté s'il est garde particulier. Si le procès-verbal est écrit par le garde champêtre, il doit être affirmé, sous peine de nullité, dans les vingt-quatre heures du délit devant les fonctionnaires ci-dessus désignés.

Ils ne pourront jamais connaître des contraventions attribuées exclusivement aux juges de paix par l'article 139, ni d'aucunes des matières dont la connaissance est attribuée aux juges de paix, considérés comme juges civils (art. 166, Code d'inst.).

= Le ministère public sera exercé auprès du maire, dans les matières de police, *par l'adjoint*. En l'absence de l'adjoint, ou lorsque l'*adjoint remplacera le maire comme juge de police*, le ministère public sera exercé par un membre du *Conseil municipal*, qui sera désigné à cet effet par *le procureur du roi* pour une année entière (art. 167).

= Les fonctions de greffier des maires dans les affaires de police seront exercées *par un citoyen que le maire proposera*, et qui prêtera serment en cette qualité au tribunal de police correctionnelle. Il recevra, pour ses expéditions, les émoluments attribués au greffier du juge de paix (art. 168 et 47 du décret de 1811).

. (*Voir tarif des frais crim. ou décret du 18 juin 1811, chap.* 5, *art. 42 et suivants.*)

= Le *ministère d'huissier* ne sera pas nécessaire pour les citations aux parties ; elles pourront être faites *par un avertissement du maire (écrit)*, qui annoncera au défendeur le fait dont il est inculpé, le jour et l'heure où il doit se présenter (art. 169).

Il en sera de même des citations aux témoins ; elles pourront être faites par un avertissement (*écrit*) qui indiquera le *moment* où leur déposition sera reçue (art. 170).

= Le maire donnera son audience *dans la maison commune*; il entendra publiquement les parties et les

témoins. — Seront, au surplus, observées les dispositions des articles 149, 150, 151, 153, 154, 155, 156,
157, 158, 159 et 160, concernant l'instruction et les
jugements au tribunal du juge de paix (art. 171).

=MODÈLE DE JUGEMENT DU TRIBUNAL DE SIMPLE POLICE (1).

Louis-Philippe, roi des Français, à tous présents et à venir, salut :
Le tribunal de simple police de la commune de   a
rendu le jugement suivant :

Entre le sieur   demandeur aux fins de notre avertissement
tendant à   d'une part ;

Et le sieur   dûment averti, d'autre part.

(*Si la contravention est poursuivie à la requête du ministère public*, on met à la place du nom des parties ci-dessus indiquées :)

A rendu le jugement suivant contre le nommé
prévenu.

La cause appelée, il a été fait lecture, par le greffier et en présence des parties *ou du prévenu*, d'un procès-verbal en date de
              enregistré le   dressé par   *ou fait sur le
rapport du garde champêtre* de la commune de
lequel rapport reçu par   et duquel il résulte que le sieur
              (*indiquer le nom et le domicile du prévenu*) a commis le
              (*rappeler la contravention constatée avec toutes ses cir-
constances.*)

Le sieur   demandeur ou son fondé de pouvoirs ;

Ou le sieur   *adjoint*, ou le sieur   *membre du conseil municipal*, délégué conformément à l'art. 167 du Code d'instruction criminelle, remplissant les fonctions du ministère public, a exposé
qu'il a fait citer à sa requête le sieur (*nom du prévenu*) par-devant nous,
à l'audience de ce jour, par avertissement en date de
comme prévenu d'avoir (*rappeler la contravention*).

Le sieur   demandeur, a conclu à ce que ledit sieur
défendeur, soit condamné à lui payé la somme de
pour réparation du préjudice dont il se plaint.

(*S'il y avait des témoins cités, dire*) : Le sieur   demandeur,

(1) Nous empruntons du formulaire Rogron le texte des modèles des jugements qui nous ont paru infiniment clairs et d'une rédaction exacte ; en les
conformant à notre sujet, ils en remplissent le but.

Ou le ministère public, a dit avoir fait avertir des témoins à sa requête pour prouver les faits imputés au sieur   prévenu et a conclu à ce qu'ils soient entendus.

Le sieur   prévenu, a dit *(rappeler ses dires ; s'il a fait paraître des témoins, l'énoncer aussi).*

Faisant droit aux conclusions prises par   et après avoir communiqué à tous les témoins réunis les faits sur lesquels ils avaient à déposer, il a procédé à l'audition de chacun d'eux séparément, et ainsi qu'il suit :

TÉMOINS DE L'ENQUÊTE.

Le sieur   *(noms, prénons, âge, profession et demeure du témoin entendu ; énoncer s'il est parent ou allié des parties et à quel degré).*

Après avoir prêté serment de dire toute la vérité, rien que la vérité, a dit *(rappeler les principales circonstances de sa déposition).*

(La même marche est suivie pour l'audition des autres témoins.)

TÉMOIN DE LA CONTRE-ENQUÊTE.

(La marche pour en constater le résultat est la même que dans l'enquête précédente.)

Le ministère public a résumé l'affaire, et a conclu à l'application de la peine.

Le sieur   prévenu, a observé.....

QUESTION.

Le sieur   a-t-il commis la contravention dont-il est prévenu ?

Les conclusions du demandeur sont-elles fondées, et doivent-elles lui être adjugées ?

DISPOSITIF.

Le tribunal jugeant en dernier ressort, après avoir entendu le prévenu dans ses défenses, les dépositions des témoins, la partie civile, et le ministère public, dans leurs conclusions;

Vu le procès-verbal ci-dessus relaté.

(Nous devons observer ici que les procès-verbaux des fonctionnaires chargés de constater les contraventions prévues par le Code pénal, font foi jusqu'à preuve contraire. Ainsi, si des témoins n'étaient pas cités à l'appui ou contre le contenu du procès-verbal, il suffirait de dire en supprimant l'énoncé de l'enquête et contre-enquête :)

Le tribunal, après avoir entendu le prévenu dans ses défenses, le ministère public dans ses conclusions (*s'il n'y avait pas de partie civile*);

Attendu qu'il résulte de l'ensemble des dépositions (*s'il y a enquête, en dire le résumé*), ou attendu qu'il résulte du contenu du procès-verbal (*énoncer le fait*).

Attendu que cette contravention a causé au demandeur le préjudice dont il se plaint;

Ou attendu que ce fait rentre dans les cas prévus par l'art......... **du** Code pénal (*si le ministère public seul est intéressé*);

Vu les articles du Code pénal, ainsi conçus (*les transcrire*);

Sans s'arrêter ni avoir égard au moyen du sieur
prévenu;

Le condamne en (*prononcé de la peine, amende ou emprisonnement*), et en tous les frais liquidés à la somme de   et faisant **droit** aux conclusions prises par le sieur   demandeur, **condamne** également le sieur   prévenu, à payer audit sieur la somme de   pour préparation civile.

(*Si le prévenu est absous, on met seulement*): Renvoie ledit **sieur** de l'action dirigée contre lui, avec dépens.

Fait, jugé et prononcé à l'audience publique du tribunal de **simple** police de la commune de   tenue par M.

maire de   assisté du sieur   greffier du **tribunal**

    le   du mois de   de l'an

Signature.

Mandons et ordonnons à tous huissiers, sur ce requis, de **mettre le** présent jugement à exécution; à nos procureurs généraux et à **nos pro**cureurs près les tribunaux de première instance d'y tenir la **main**; à tous commandants et officiers de la force publique de prêter main-**forte** lorsqu'ils en seront légalement requis.

= MODÈLE DE JUGEMENT PAR DÉFAUT DU TRIBUNAL DE SIMPLE POLICE.

Louis-Philippe, roi des Français, à tous présents et à venir, **salut.**

Le tribunal de simple police de la commune de
a rendu le jugement suivant:

Entre le sieur   demander aux fins de l'avertissement

en date d   tendant à   d'une part;

Et le sieur   dûment averti (1), d'autre part.

(*Si le ministère public est seul intéressé, supprimer les deux énonciations précédentes.*)

La cause appelée, et le défendeur ne comparaissant, *ou le prévenu,* ni personne pour lui (*s'il y a partie civile*); et le demandeur ayant requis défaut.

Ouï M.   adjoint ou membre du conseil municipal, délégué conformément à l'art. 167 du Code d'instruction, remplissant les fonctions du ministère public en ses conclusions;

Le tribunal donne défaut, et pour le profit,
attendu que (*énoncer les circonstances de la contravention*)

Condamne le sieur   défaillant, à   (*énoncer la peine*), vu les articles du Code pénal (*transcrire*), et aux dépens liquidés à la somme de   y compris le coût de la signification du présent jugement.

Fait et jugé à   (*la suite comme au modèle précédent.*)

= MODÈLE DE RÉQUISITOIRE POUR L'EXÉCUTION D'UN JUGEMENT DE POLICE.

Nous, maire ou adjoint, ou membre du conseil municipal, délégué conformément à l'art. 167 du Code d'instruction criminelle, de la commune de   exerçant les fonctions du ministère public près ledit tribunal de police de ladite commune;

En vertu du jugement de ce tribunal, en date du
lequel condamne le *nommé   âgé de   profession de demeurant à   à un emprisonnement de   jours;*

Requérons tous huissiers ou agents de la force publique, de conduire et écrouer ledit nommé   dans la prison de cette commune, ou dans la prison du chef-lieu de canton, ou dans celle de l'arrondissement, sise à

---

(1) Le Code ne s'explique pas sur le mode de transmission de l'avertissement au prévenu et aux témoins. Nous avons vu page 117 que les agents de la force publique, un garde champêtre, par exemple, en vertu de l'art. 72 du décret du 18 juin 1811, pouvait être chargé de *signification d'actes* par les officiers de justice. Par application de ce principe au cas indiqué, nous estimons que la remise de l'avertissement certifiée par cet agent, doit remplir le but que se propose la loi, et donner une forme légale au prononcé du jugement de défaut.

Mandons et ordonnons au gardien de ladite prison de recevoir et garder ledit   pendant le temps déterminé par le jugement
ci-dessus énoncé, et en vertu de l'art. 197 du Code d'instruct.,

Requérons tous dépositaire de la force publique de prêter main-forte
en cas de besoin pour l'exécution du présent.

Fait à   le

Sceau.   Signature.

Ce modèle est fondé sur les dispositions de l'article 197 du Code d'instruction criminelle, qui s'ex-
priment ainsi :

== Le jugement sera exécuté à la requête du procureur du roi (*ou de l'officier du ministère public qui*
représente légalement ce magistrat) et de la partie civile,
chacun en ce qui le concerne. — Néanmoins, les poursuites pour le recouvrement des amendes et confisca-
tions seront faites, au nom du procureur du roi, par
le directeur de la régie des droits d'enregistrement
et des domaines.

Afin d'arriver au recouvrement des frais et
amendes, l'article 164 du décret du 18 juin 1811
prescrit au greffier de remettre dans le plus court
délai, au préposé de l'administration de l'enregistrement (*dans notre espèce, c'est le receveur d'enregistre-*
ment du canton), chargé du recouvrement, un extrait
du jugement prononçant l'amende et la condamnation aux frais, dans le cours du trimestre pendant
lequel la condamnation a été prononcée.

== L'article 178 du Code d'instruction criminelle
veut qu'au commencement de chaque trimestre, les
juges de paix *et les maires* transmettent au *procureur*
du roi l'extrait des jugements de police qui auront été
rendus dans le trimestre précédent et qui auront pro-

13

noncé la peine d'emprisonnement. **Cet extrait** sera délivré sans frais par le greffier.

L'exécution du jugement portant peine d'emprisonnement doit être ordonnée dans le courant du trimestre du prononcé.

Si, pendant le trimestre écoulé, il n'y a pas eu de jugements portant peine d'emprisonnement, le juge de police transmettra au procureur du roi **un certificat négatif.**

= MODÈLE DE CERTIFICAT NÉGATIF.

Nous, maire ou adjoint de la commune de   canton de

Certifions que, pendant le trimestre dernier, il n'a été rendu par le tribunal de simple police de cette commune aucun jugement portant peine d'emprisonnement.

En foi de quoi, nous avons délivré le présent certificat pour être transmis à M. le procureur du roi, conformément à l'art. 178 du Code d'instruction criminelle.

Fait à   le

Signature.

= La loi qualifie contraventions les faits qui peuvent donner lieu soit *à quinze francs d'amende* et au-dessous, soit *à cinq jours d'emprisonnement* et au-dessous. Les faits qui donnent lieu à ces peines sont prévus au livre IV du Code pénal, articles 471 et suivants (voir la note, page 186).

FIN.

TABLE RÉSUMÉE DES MATIÈRES.

§ I. *Historique de l'organisation judiciaire des temps modernes.*

PREMIÈRE PÉRIODE ORGANIQUE.

DEUXIÈME PÉRIODE ORGANIQUE.

LIVRE PREMIER.

DE LA PÉNALITÉ.

LIVRE DEUXIÈME.

DE L'INSTRUCTION CRIMINELLE.

LIVRE TROISIÈME.

DES RÈGLES PRATIQUES DE L'INSTRUCTION CRIMINELLE.

§ IX. *Police administrative ou préventive.*

§ X. *Maires et adjoints considérés comme officiers de police judiciaire auxi-liaire du procureur du roi.*

§ XI. *Principes généraux concernant l'exercice de l'action publique judiciaire criminelle.*

§ XII. *Application pratique des règles de l'instruction criminelle. — Flagrants délits.*

§ XIII. *Levée des cadavres.*

§ XIV. *Juridiction comme juges de police, des maires et adjoints de communes qui ne sont pas chefs-lieux de canton.*

FIN DE LA TABLE.

ERRATA.

Page 90, ligne 15, au lieu de : *aggravant*, lisez : *agravant*.

Page 61, le 1er alinéa = n'est pas marqué à ces mots : *notre législation ordinaire*.

Page 63, l'alinéa = n'est pas marqué à ces mots : *dans l'ancienne législation*.

Page 73, l'alinéa = n'est pas marqué à ces mots : *nous trouvons dans les cahiers*.

Page 86, l'alinéa = n'est pas marqué à ces mots : *à l'exemple du décret d'ajournement*.

Page 87, l'alinéa = n'est pas marqué à ces mots : *le Code d'instruction criminelle de 1808*.

Imprimerie Dondey-Dupré, rue Saint-Louis, 46, au Marais.